Rossini:
Il Barbiere Di Siviglia

(El Barbero de Sevilla)
Opera en Dos Actos

&

Traducción al Español y Comentarios
por E.Enrique Prado

&

Libreto Italiano Escrito
por Cesare Sterbini
Basado en la Comedia de Beaumarchais

Jugum Press

ISBN-13: 978-1-939423-73-3
ISBN-10: 1-939423-73-2

Cubierta de libro: Los cinco personajes claves de la comedia:
Fígaro, Rosina, Almaviva, Doctor Bartolo y Don Basilio, 1913
y foto de Gioachino Antonio Rossini (1792–1868) por fotógrafo anónimo
de Wikimedia Commons – en.wikipedia.org
(en el dominio público en los Estados Unidos y otros países)

Impreso en los Estados Unidos de América
Publicado por Jugum Press
www.jugumpress.com

Edición y diseño:
Annie Pearson, Jugum Press
Consultas y correspondencia:
jugumpress@outlook.com

Índice

Prefacio &o Il Barbiere Di Siviglia

Después de terminada la Revolución Francesa, apareció un joven músico que sería el autor de una de las mejores operas jocosas de todos los tiempos; su nombre: Giacchino Rossini, nacido en Pesaro en 1792. A los 18 años hizo su debut como compositor, escribió varias óperas que no tuvieron éxito, hasta que finalmente presentó *El Barbero de Sevilla*, obra que escribió en once días y que se estrenó en el Teatro Argentina de Roma en 1816, ésta primera representación fue un fracaso, pero poco después el público reaccionó y la convirtió en una de sus óperas favoritas.

El Barbero de Sevilla es el punto culminante de la creatividad de Rossini, ya que la música es genial y el libreto uno de los más ingeniosos que se han escrito. A ésta obra le siguieron: *Otello, La Cenicienta, La Urraca Ladrona, La Italiana en Argel, Guillermo Tell,* y algunas obras de música sacra.

Fue un personaje muy popular y querido por el público, pasó sus últimos años feliz, rodeado de amigos y falleció en su villa de Passy, en las cercanías de Paris el 13 de Noviembre de 1868 a los 76 años de edad.

Traducción y comentarios por:
E. Enrique Prado Alcalá
Tepoztlán
Septiembre de 1999.

Sinopsis ❧ Il Barbiere Di Siviglia

Acto I

Escena I, Sevilla, una calle cercana a la casa de Don Bartolo.

El Conde Almaviva está enamorado de Rosina, pupila del Dr. Bartolo, quien la cuida celosamente. Al conde lo acompañan su sirviente Fiorello y un grupo de músicos y él le canta una serenata a la muchacha, pero no obtiene resultados. Llega Figaro, el mejor barbero de la ciudad que además es el "arregla todo," amigo del conde y visitante habitual de Don Bartolo. Figaro promete al conde Almaviva ayudarlo en su cortejo a Rosina.

Bartolo sale de su casa y comenta su plan para casarse con Rosina lo más pronto posible. Siguiendo el consejo de Figaro el conde canta otra canción presentándose como Lindoro, para ocultar su noble rango y que éste no sea un elemento que le haga ganar el corazón de la dama. Rosina se prende del supuesto Lindoro.

Figaro dice a Rosina que Lindoro es su primo y que está muy enamorado de ella, entonces ella escribe una nota y se la da para que se la entregue a su enamorado.

Para obtener una entrevista con Rosina el Conde se disfraza como un soldado ebrio y se introduce en la casa de Don Bartolo. El Conde es detenido por un guardia pero después de identificarse como un noble, es liberado.

Acto II

El Conde nuevamente entra a la casa de Bartolo, esta vez disfrazado como maestro de música y dice que ha sido llamado por Basilio para que le dé una lección de música. De ésta manera el Conde consigue otra entrevista con Rosina. Mientras tanto Figaro consigue las llaves del balcón, para que Rosina y Almaviva, a la media noche escapen y contraigan matrimonio. De pronto llega Basilio y para evitar que los denuncie, el Conde lo soborna con una bolsa de dinero. Basilio abandona la escena rápidamente.

Figaro afeita al Doctor mientras Almaviva y Rosina planean su fuga, pero Bartolo sospecha algo y alcanza a escuchar los planes.

Almaviva y Figaro se retiran y Bartolo despierta los celos de Rosina al decirle que el Conde tiene una amante, ante esto, la muchacha se enfurece y le cuenta a Bartolo sus planes de escape y su decisión de casarse con él en venganza.

A la hora convenida (media noche) Figaro y Almaviva hacen su aparición, los amantes se reconcilian y el notario que había traído Bartolo para que lo casara con Rosina, celebra el matrimonio de los enamorados.

FIN

$\mathcal{SO}$

Reparto $\mathcal{SO}$ Il Barbiere Di Siviglia

CONDE ALMAVIVA – Tenor

DOCTOR BARTOLO – Bajo

DON BASILIO – Bajo

FIGARO – un barbero, Barítono

FIORELLO – sirviente del Conde, Bajo

AMBROGIO – sirviente del Doctor, Bajo

ROSINA – pupila del Doctor, Mezzo-soprano

BERTA – institutriz de Rosina, Soprano

Un notario, músicos, y soldados

Lugar: Sevilla España

Epoca: Siglo XVII

Libreto ꝏ Il Barbiere Di Siviglia

Acto I

Escena 1.

Una plaza en Sevilla, es el amanecer.
A la izquierda la casa de Bartolo, que tiene un balcón.
Fiorello con una linterna en su mano conduce a varios músicos
y al Conde Almaviva hasta el pie del balcón.

FIORELLO
Piano, pianissimo,
senza parlar,
tutti con me
venite qua.

CORO
Pianissimo,
eccoci qua.

FIORELLO
Tutto è silenzio;
nessun qui stà
che i nostri canti
possa turbar.

ALMAVIVA
Fiorello...Ola!

FIORELLO
Signor, son qua.

1. Despacio, muy despacio
    sin hablar,
    todos conmigo
    vengan aquí.

2. Despacio, muy despacio,
    aquí estamos.

3. Todo es silencio;
    no hay nadie
    que nuestro canto
    pueda turbar.

4. ¡Fiorello...hola!

5. Señor, aquí estoy.

ALMAVIVA
Ebben...glí amici?

6. ¿Y nuestros amigos?

FIORELLO
Son pronti gia.

7. Ya están listos.

ALMAVIVA
Bravi, bravissimi,
fate silenzio;
piano pianissimo,
senza parlar.

8. Bravo, bravísimo,
    guarden silencio;
    despacio, muy despacio,
    y sin hablar.

FIORELLO
Senza parlar.

9. Sin hablar.

CORO
Piano, pianissimo
senza parlar.

10. Despacio, muy despacio
    y sin hablar.

Los músicos tocan sus instrumentos el Conde canta.

ALMAVIVA
Ecco ridente in cielo
spunta la bella aurora
e tu non sorgi ancora
e puoi dormir cosi?
Sorgí mia dolce speme
vieni, bellfiodol mío;
rendí men crudo, oh Dío
lo stral che mi feri.

11. ¿He ahí sonriente en el cielo
    aparece la bella aurora
    y tu no apareces todavía
    como puedes dormir así?
    Levántate dulce esperanza mía
    ven bello ídolo mío;
    alivia el dolor oh Dios
    que me causa la flecha que me hirió.

Oh sorte! gia veggo
quel caro sembiante
quest'anima amante
ottene pietà.
Oh, istante de amore
felice momento!
Oh dolce contento
che eguale non ha!

Oh suerte, ya veo
ese querido semblante
ésta alma amante
obtiene piedad.
¡Oh, instante de amor
momento feliz!
¡Oh dulce felicidad
no hay otra igual!

Amanece

Ehi, Fiorello?

¿Eh, Fiorello?

FIORELLO
Mio Signore...

12. Mi señor...

ALMAVIVA
Di, la vedi?

13. ¿La ves?

FIORELLO
Signor, no.

14. No, señor.

ALMAVIVA
Ah! Ch'e vana ogni speranza!

15. ¡Ah, es vana toda esperanza!

FIORELLO
Signor Conte, il giorno avanza...

16. Señor Conde, amanece...

ALMAVIVA
Ah! Che penso! Che faró?
Tutto è vano...buona gente!

17. ¿Ah, que pienso? ¿Que haré?
¡Todo es en vano...gente buena!

CORO
Mío signor...

18. Señor mío...

ALMAVIVA
Avanti, avanti.

19. Vámonos, vámonos.

Le dá una bolsa a Fiorello que de ahí toma dinero y les paga a los músicos.

Piu di suoni, piu di canti
io bisogno ormai non ho.

No necesito ni más música
ni mas cantos.

FIORELLO
Buona notte a tutti quanti
piu di voi che far non so.

20. Buenas noches a todos
ya no hay nada que hacer.

CORO
Mille grazie...mio signore...
del favore, dell'onore
Ah, di tanta cortesia
obbligati in verità.
Oh, che incontro fortunato!
E un signor di qualità.
Si, grazie, grazie del favor.

21. Mil gracias...señor mío...
por el favor, por el honor
Ah, de tanta cortesía
obligados en verdad.
¡Oh, que encuentro afortunado!
Es un señor de calidad.
Si gracias, gracias por el favor.

ALMAVIVA

Basta, basta, non parlate...
Ma non serve, non gridate...
Maledetti, andate via...
Ah, canaglia, via di qua.
Tutto guanto il vicinato
questo chiasso svegliera.
Maledetti via di qua!

FIORELLO

Zitti, zittí, che rumore!
Maledetti, via di qua...
Ah, canaglia vía di qua...
Vè, che chiasso indiavolato!
Ah, che rabbia che mi fa!
Maledetti via di qua!

22. Basta, basta, ya no hablen...
De nada sirve, no griten...
Malditos, váyanse...
Ah, canallas, largo de aquí.
Todos en el vecindario
se van a despertar.
¡Malditos, largo de aquí!

23. ¡Callen, callen, cuanto ruido!
Malditos, largo de aquí...
Ah, canallas largo de aquí...
¡Ah, que ruido endiablado!
¡Ah, cuanta rabia me dá!
¡Malditos, largo de aquí!

Los músicos se van.

ALMAVIVA

Gente indiscreta!

24. ¡Gente indiscreta!

FIORELLO

Ah, quasi con quel chiasso importuno
tutto quanto il quartiere han risvegliato.
Alfin sono partiti!

25. Ah, con su escándalo inoportuno
han despertado al vecindario entero.
Por fin se han ido.

ALMAVIVA

E non si vede
e inutile sperar.
Eppur qui voglio aspettar de di vederla.
Ogni mattina ella su quel balcone
a prender fresco viene sull'aurora.
Proviamo.
Olà tu ancora ritirati, Fiorei.

26. Y no se le ve
es inútil esperar.
Y todavía quiero esperar hasta verla.
Todas las mañanas ella sale al balcón
a tomar aire.
Esperemos.
Puedes retirarte, Fiorello.

FIORELLO

Vado.
Là in fondo attenderó suoi ordini.

27. Me voy.
Allá esperaré por si me necesita.

Se retira.

ALMAVIVA

Con lei se parlar mi riesce
non voglio testimoni
Che a quest'ora io tutti i giorní
qui vengo per lei dev'essersi avveduta.
Oh, vedi, amore a un uomo del mío
rango come l'ha fatta bella!
Eppure, eppure!
Oh! Dev'essere mia sposa.

28. Tengo que hablar con ella
no quiero testigos de
que a ésta hora todos los días
vengo para verla.
¡Oh, amor, ve que le has hecho
a un hombre de mi rango!
¡Sin embargo, sin embargo!
Oh, debes de ser mi esposa.

Se escucha a la distancia a Figaro que se acerca cantando.

Chi è mai quest'importuno?
Lasciamolo passar'sotto, quegli
archi non veduto, vedró quanto
gia l'alba appare e amor non si vergogna.

¿Quién es ese inoportuno?
Lo dejaré pasar, debajo de aquel
arco me esconderé y veré todo
ya llega el alba y el amor no me avergüenza.

Se esconde debajo de un arco.

FIGARO

Largo al factotum della città.
Presto a bottega che l'alba è già
Ah, che bel vivere, che bel piacere
per un barbiere di qualità!
Ah, bravo Figaro!
Bravo, bravissimo fortunatissimo per verità!
Pronto a far tutto la notte e il giorno
sempre d'intorno in giro sta.
Miglior cuccagna per un barbiere,
vita piu nobile no, non si dà.
Rasori e pettini,
lancette e forbici,
al mio comando
tutto qui sta.
V'e la risorsa, poi del mestiere
colla donnetta
col cavaliere...
Ah, che bel vivere, che bel piacere
per un barbiere di qualità!

Tutti mi chiedono, tutti mi vogliono,
donne, ragazzi, vecchi, fanciulle;
Qua la parrucca...

29. Paso al factótum de la ciudad.
¡Rápido a la tienda que ya amaneció
¡Ah, que bella vida cuánto placer
para un barbero de calidad!
¡Ah, bravo Figaro!
¡Bravo, bravísimo afortunadísimo de verdad!
Listo para hacerla todo de noche y de día
siempre se encuentra listo en el entorno.
Mejor fortuna para un barbero,
vida mas noble no, no se dá.
Navajas y peines,
lancetas y tijeras,
a mi comando
todo aquí está.
Tengo los recursos de mi oficio
con las muchachas
con los caballeros...
¡Ah, que bello vivir, que bellos placeres
para un barbero de calidad!

Todos me llaman, todos me quieren,
mujeres, muchachos, viejos, muchachas;
Aquí la peluca...

FIGARO (*continuato*)
Presto la barba...
Qua la sanguigna...
Presto il biglietto.
Figaro. Figaro...
Ahimè che furia!
Ahimè che folla!
Una alla volta, per carità!
Ehi, Figaro...son qua.
Fígaro qua...Fígaro la...
Fígaro su, Figaro giu...
Pronto, prontissimo
son come il fulmine
sono il factotum della città.
Ah, bravo Figaro!
Bravo, bravissímo;
fortunatissimo per verità!

Ah, ah, che bella vita!
Faticar poco, divertirsi assai,
e in tasca sempre aver qualche doblone.
Gran fruto della mia riputazione
Ecco qua: senza Figaro
non si accasa in Siviglia una ragazza;
a me la vedovella ricorre pel marito.
Io colla scusa ner del pettine di giorno,
della chitarra col favor la notte,
a tutti onestamente,
non fo per dir, m'adatto a far piacere.
Oh, che vita, che vita! Oh, che mestiere!
Orsu, presto a bottega.

ALMAVIVA
E desso, o pur m'inganno?

FIGARO
Chí sarà maí costui?

ALMAVIVA
Oh, è lui senz'altro!
Fígaro!

(*continuó*)
Pronto la barba ...
Aquí la sangría ...
Rápido el billete.
Fígaro, Fígaro...
¡Cielos que furia!
¡Cielos que gentío!
¡Uno a la vez, por caridad!
Eh, Fígaro...aquí estoy.
Fígaro aquí...Fígaro allá...
Fígaro arriba, Fígaro abajo...
Rápido, rapidísimo
soy como el rayo
soy el factótum de la ciudad.
¡Ah, bravo Fígaro!
¡Bravo, bravísimo;
afortunadísimo de verdad!

¡Ah, ah, que bella vida!
Fatigarse poco, divertirse mucho,
y en la bolsa siempre tener algunos doblones.
Gran fruto de mi reputación
Entonces: sin Figaro no se casa
en Sevilla una muchacha;
a mi recurren las viudas para tener marido.
Yo con la excusa de peinar en el día,
y de pulsar la guitarra durante la noche,
a todos honestamente,
me adapto para darles placer.
¡Oh, que vida, que vida! ¡Oh, que profesión!
Pero ahora, rápido a la tienda.

30.   ¿Es él, o me equivoco?

31.   ¿Quién sera?

32.   ¡Es él sin duda!
      ¡Fígaro!

FIGARO

Mío padrone...
Oh, chi veggo! Eccelenza! ...

33. Patrón...
¡Oh, a quien veo! ¡Excelencia! ...

ALMAVIVA

Zítto, zitto, prudenza!
Qui non son conosciuto,
nè vo farmí conoscere.
Per questo ho le mie gran ragioni.

34. ¡Calla, calla, prudencia!
Aquí no soy conocido,
ni quiero hacerme conocer.
Para esto tengo mis razones.

FIGARO

Intendo, intendo.
La lascio in libertà.

35. Entiendo, entiendo.
Te dejo en libertad.

ALMAVIVA

No.

36. No.

FIGARO

Che serve?

37. ¿Puedo ayudarte?

ALMAVIVA

No, dico, resta qua;
forse ai disegní miei
non giungi inopportuno.
Ma cospetto,
dímmi un po, buona lana
come ti trovo qua? ...Poter del mondo!
Ti veggo grasso e tondo...

38. No, digo, quédate aqui;
quizás para mis planes
tu llegada no es inoportuna.
¿De tu presencia dime un poco
como es que te encuentro aquí?
¡...Poder del mundo!
Te veo gordo y redondo...

FIGARO

La miseria signore!

39. ¡La miseria señor!

ALMAVIVA

Ah, birbo!

40. ¡Ah, bribón!

FIGARO

Grazie.

41. Gracias.

ALMAVIVA

Hai messo ancor guidizio?

42. ¿Todavia eres discreto?

FIGARO

Oh! E come...
Ed ella, come in Siviglia?

43. ¡Oh! Claro...
¿Y tu que haces en Sevilla?

ALMAVIVA
Or te lo spiego. Al Prado
vidi un fior di belleza, una fanciulla,
figlia dun certo medico barbogio
che qua da pochi di s"e stabilito.
Ío di questa invaghito,
lasciai patria e parenti,
e qua men venní.
E qui la notte e il giorno
passo girando a que balconí intorno.

FIGARO
A que balconi? Un medico? Oh, cospetto!
Siete ben fortunato';
sui maccheroni, il cacio v'è cascato.

ALMAVIVA
Come?

FIGARO
Certo, là dentro
io son barbiere, parruchier
chirurgo, botanico, spezial,
il faccendier di casa.

ALMAVIVA
Oh, che sorte! ...

FIGARO
Non basta. La ragazza
figlía non è del medico.
E soltanto la sua pupilla!

ALMAVIVA
Oh, che consolazione!

FIGARO
Percio...Zitto! ...

ALMAVIVA
Cos'e?

FIGARO
S'apre il balcone.

44. Te lo explico. En El Prado
vi una flor, una belleza, una muchacha,
hija de un viejo médico que
hace poco aquí se estableció
Yo de ella me enamoré,
dejé patria y parientes,
y aquí me vine.
Y aquí la noche y el día
los pasos girando alrededor de su balcón.

45. ¿Cual balcón? ¿Un médico? ¡Cielos!
Eres afortunado;
a tu macarrón, el queso le ha caído.

46. ¿Qué?

47. Cierto, ahí dentro
yo soy barbero, arreglo pelucas
cirujano, botánico, veterinario,
arreglo todo en la casa.

48. ¡Oh, que suerte! ...

49. Eso no es todo. La muchacha
no es hija del médico.
¡Es solamente su pupila!

50. ¡Oh, que consuelo!

51. Por eso... ¡Cállate! ...

52. ¿Que cosa?

53. Se abre el balcón.

Se esconden en el pórtico.

ROSINA

Non è venuto ancora. Forse...

54. *(Sale al balcón)*
Todavía no ha venido. Quizás...

ALMAVIVA

Oh, mia vita! Mio nume! Mio tesoro!
Vi veggo alfine, alfine.

55. ¡Oh, mi vida! ¡Mi diosa! ¡Mi tesoro!
Al fin te veo, te veo.

ROSINA

Oh, che vergogna!
Vorrei dargli il biglietto.

56. ¡Oh, que vergüenza!
Quisiera darle ésta carta.

BARTOLO

Ebben ragazza? Il tempo è buono.
Cos'e quella carta?

57. ¿Y bien jovencito? El tiempo es bueno.
¿Qué es esa carta?

ROSINA

Niente, niente, signore; son le parole
dell'aria dell' "Inutil Precauzione"!

58. ¡Nada, nada señor, son las palabras
del aria de la "Inútil Precaución"!

BARTOLO

Ma brava del "Inutil Precauzione"!

59. ¡Claro, la "Inútil Precaución"!

FIGARO

Che furba!

60. ¡Que astuta!

BARTOLO

Cos'è questa "Inutil Precauzione"?

61. ¿Que es la "Inútil Precaución"?

ROSINA

Oh, bella! E il titolo del nuovo
dramma in musica.

62. ¡Oh, es bella! Es el título del nuevo
drama musical.

BARTOLO

Un dramma! Bella cosa! Sarà al
solito un dramma semiserio,
un lungo e malinconico e noioso
poetico strambotto. Barbaro gusto!
Socol corrotto!

63. ¡Un drama! ¡Bella cosa! Será como
de costumbre un drama semiserio,
un largo y melancólico, aburrido
estrambótico. ¡Bárbaro gusto!
¡Este es un siglo corrupto!

ROSINA

Oh, me meschina! L'aria m'e caduta!
Raccoglietela presto.

64. ¡Oh, cielos! ¡Se me cayó el aria!
Recógela pronto.

BARTOLO
Vado, vado.

65. Voy, voy.

ROSINA
Ps, ps.

66. Ps, ps.

ALMAVIVA
Ho inteso.

67. Comprendo.

ROSINA
Presto.

68. Rápido.

ALMAVIVA
Non temete.

69. No temas.

BARTOLO
Son qua. Dov'e?

70. Aquí estoy. ¿En dónde está?

ROSINA
Ah! Il vento l'ha portato via. Guardate.

71. ¡Ah! El viento se la ha llevado. Mira.

BARTOLO
Io non la veggo.
Eh, signorina, non vorrei...
Cospetto! costei m'avvese preso!
In casa, in casa, animo su.
A chi dico? In casa presto!

72. No la veo.
Eh, señorita, yo no quiero...
¡Por poco y me engaña!
Entra a la casa!
¿Me oyes? Entra a la casa!

ROSINA
Vado, vado. Che furia!

73. Voy, voy. ¡Qué genio!

BARTOLO
Quel balcone voglio far murare.
Dentro, dico!

74. Le voy a poner muros a ese balcón.
¡Te digo que entres!

ROSINA
Ah, che vita de crepare!

75. ¡Ah, que horrible vida!

ALMAVIVA
Povera disgraziata! Il suo stato
infelice sempre piu m'interessa.

76. ¡Pobrecita! Siempre infeliz
me preocupa mucho.

FIGARO
Presto, presto: vediamo cosa scrive.

77. Rápido: veamos que cosa escribió.

ALMAVIVA
Appunto. Leggi.

78. Si. Lee.

FIGARO
"Le vostre assidue premure
hanno eccitato la mia curiosità."
Il mio tutore è per uscir di casa;
appena si sarà allontanato procurate con
qualche mezzo ingegnoso d'indicarmi il vostro
nome, il vostro stato e le vostre intenzioni.

Io non so giammai comparire al balconse
senza l'indivisibile compagnia del mio tiranno.
Siate pero certo, che tutto è dis posta
a fare per rompere le sue catene,
la sventurata Rosina.

(Leyendo la carta)

79. "Sus asiduas atenciones han
despertado mi curiosidad."
Mi tutor está a punto de salir;
en cuanto se aleje déjame conocer
tu nombre,
tu posición y tus intenciones.

Yo no puedo salir al balcón sin
la compañía del tirano.
Puedes estar seguro, de que Rosina
está dispuesta a todo para
romper las cadenas que la atan.

ALMAVIVA
Si, si le romperà. Su dirnmi un poco
Che razza d'uomo è questo suo tutore?

80. Si, las romperá. ¿Ahora dime
que clase de hombre es su tutor?

FIGARO
Un vecchio indemoniato, avaro,
sospettoso, brontolone, avrà cent
anni indosso e vuol fa re il galante
indovinate?
Per mangiare a Rosina tutta
l'eredità si e fitto in capo di
voler la sposare. Aiuto!

81. ¿Un viejo endemoniado, avaro,
desconfiado, gruñón, que llegará
a los cien años, y seguirá haciéndole
al galán tú crees?
Para quedarse con la herencia
de Rosina está terco en casarse
con ella. ¡Auxilio!

ALMAVIVA
Che?

82. ¿Qué?

FIGARO
S'apre la porta.

83. Se abre la puerta.

Ellos se ocultan.

BARTOLO
Fra momenti io torno
non aprite a nessuno.
Se Don Basilio venisse a ricercarmi,
che m'aspetti.

84. Regreso en un momento
no le abran a nadie.
Si es Don Basilio que viene a buscarme,
que me espere.

21

Cierra con llave la puerta.

Le mie nozze con lei meglio è affrettare.
Si, dentr'oggi finir vó quest'affare!

Debo apresurar mi boda con ella
En éste día debo arreglar éste asunto.

Parte

ALMAVIVA
Dentr'oggi le sue nozze con Rosina!
Ah, vecchio rimbambito!
Ma dimmi or tu chi è questo Don Basilio

85. ¡Hoy mismo su boda con Rosina!
¡Ah, viejo chocho!
¿Pero dime quien es Don Basilio?

FIGARO
E un solenne imbroglion di matriomoni,
un col lo torto, un vera disperato,
sempre senza un quattrino...
Gia, e maestro di musica;
insegna alla ragazza.

86. Es un solemne casamentero
un hipócrita, desesperado,
siempre sin un quinto...
Es maestro de música,
le enseña a la muchacha.

ALMAVIVA
Bene bene;
tutto ova sapere.

87. Muy bien, muy bien;
es bueno saberlo todo.

FIGARO
Ora pensate
della bella Rosina a soddisfar le brame.

88. Ahora piensa
en satisfacer los deseos de la bella Rosina.

ALMAVIVA
Il nome mio non le va dir,
nè il grado; assicurarmi va pria
ch'ella ami me, solo al mondo
non le richezze e titoli
del Conte d'Almaviva.
Ah! Tu potresti...

89. No quiera decirle mi nombre
ni mi rango; primero quiero asegurarme
que me ame solo a mí en el mundo,
no a la riqueza ni a los títulos
del Conde de Almaviva.
¡Ah! Tú podrías...

FIGARO
Io? No, signor, voi stesso dovete

90. ¿Yo? No, señor tú solo debes...

ALMAVIVA
Io stesso? E come?

91. ¿Yo solo? ¿Pero cómo?

FIGARO

Zizitto. Eccoci a tiro, osservate
per bacco, non mi sbaglio.
Dentro la gelosia sta la ragazza.
Presto, presto all'assalto, niun ci vede.
In una canzonetta,
cosi alla buona, il tutto,
spiegatele signar.

ALMAVIVA

Una canzone?

FIGARO

Certo. Ecco la chitarra;
presto, andiamo.

ALMAVIVA

Ma io...

FIGARO

Oh che pazienza!

ALMAVIVA

Ebben, proviamo.

ALMAVIVA

Se il mío nome saper voi
lo son Lindoro
dal mioo labbro il mio nome ascol
che fido v'adoro,
che sposa vi bramo,
che a nome vi chiamo
di voi sempre parlando casi
dall'aurora al tramonto del di.

(Mirando al balcón de Rosina)

92. Calla, está a tiro, observa
no me equivoco.
Detrás de la celosía está la muchacha.
Rápido al asalto, nadie está viendo.
En una cancioncita,
así, a la buena, dile todo,
explícale señor.

93. ¿Una canción?

94. Cierto. Aquí está la guitarra;
rápido, vamos.

95. Pero yo...

96. ¡Dame paciencia!

97. Bien, probemos.

98. Si quieres saber mi nombre
de mis labios escucha mi nombre
Yo soy Lindoro
que de veras te adora,
te quiero para esposa
que te llama por tu nombre
y que siempre hablo de ti
desde la aurora hasta el fin del día.

Desde adentro se escucha la voz de Rosina.

ROSINA

Segui o caro; deh segui cosi!

FIGARO

Sentite. Ah! Che vi pare?

ALMAVIVA

Oh, me felice!

99. ¡Continúa querido, continua así!

100. ¿Escucha. ¡Ah! ¿Que te parece?

101. ¡Oh, estoy feliz!

FIGARO
Da bravo, a voi seguite.

102. Bravo, por ti, continúa.

ALMAVIVA
L'amoroso e sincero Lindoro
non puo darvi, mia cara un tesoro.
Ricco non sano,
ma un core vi dono,
un'anima amante,
che fida e costante
per voi sola sospira cosi
dall'aurora al tramonto del di.

103. El amoroso y sincero Lindoro
no puede darte querida, un tesoro. No soy rico,
pero te doy un corazón,
un alma amante,
que fiel y constante
por ti sola suspira así
desde la aurora hasta el fin del día.

ROSINA
L'amorosa e sincera Rosina
del suo core Lindo...

104. La amorosa y sincera Rosina
de su corazón Lindo...

Se escucha la ventana cerrándose por dentro.

ALMAVIVA
Oh, cielo!

105. ¡Oh, cielo!

FIGARO
Nella stanza convien dir che qualcuno
entrato sia ella si è ritirata.

106. Alguien entró a la estancia
y la hizo retirarse.

ALMAVIVA
Ah cospettone! Io gia deliro...avvamp
Oh, ad ogni costo
vederla io voglio...Vo parlarle!
Ah, tu tui mi devi aiutar.

107. ¡O cielos! Yo deliro...ardo
¡A cualquier costo
quiero verla, quiero hablarle!
Ah, tú me debes ayudar.

FIGARO
Ih, ih, che furia!
Si, si v'aiuteró.

108. ¡Ah, que coraje!
Si, si, te ayudaré.

ALMAVIVA
Da bravo: Entr'oggi
va'che tu m'introduca in quella casa.
Dimmi, come farai? ...Via! Del tuo spirito
vediam qualche prodezza.

109. Bravo: Quiero que éste día
me introduzcas en esa casa.
¿Dime, como lo harás? ...¡Vamos!
Veamos esa proeza de tu ingenio.

FIGARO

Del mio spirito!
Bene...vedró...ma in oggi...

ALMAVIVA

Eh, via t'intendo.
Va la, non dubitar: di tue fatiche
largo copmpenso avrai.

FIGARO

Davvero?

ALMAVIVA

Parola.

FIGARO

Dunque oro a discrezione?

ALMAVIVA

Oro a bizzeffe.
Animo via.

FIGARO

Son pronto. Ah, non sapete
i simpatici effetti prodigiosi
che, ad appagare il mío signor Lindoro
produce in me la dolce
portentoso idea dell'oro?

FIGARO

Allídea di quel metallo
portentoso, onnipossente.
Un vulcano la mía mente
gia incomincia a diventar.

ALMAVIVA

Su, vediam di quel metallo
quelche effetto sorprendente
del vulcan della tua mente
quelche mostro singolar.

FIGARO

Voi dovreste travestirvi
per esempio...da soldato.

110. ¡De mi ingenio!
Bien...veamos...en éste día...

111. Vamos, yo te entiendo.
Anda, no dudes: tendrás
gran recompensa por tu esfuerzo.

112. ¿Deveras?

113. Te doy mi palabra.

114. ¿Entonces, oro a discreción?

115. Oro a montones
Vamos, adelante.

116. Estoy listo. ¿Ah no sabes
los simpáticos y prodigiosos
efectos que mi señor Lindoro
me produce con la dulce
idea del oro?

117. La idea de ese metal
portentoso, omnipotente.
Hace que un volcán en mi mente
ya comience a eruptar.

118. Veamos de ese metal
el efecto sorprendente
en el volcán de tu mente
ese montruo singular.

119. Tú deberás disfrazarte
ejemplo...de soldado.

ALMAVIVA
Da soldato?

FIGARO
Si, signore.

ALMAVIVA
soldato? ...e che si fa?

FIGARO
Oggi arriva un reggimento.

ALMAVIVA
Si, e mio amico il Colonnello.

FIGARO
Vabenon.

ALMAVIVA
Eppoi?

FIGARO
Cospetto!
Dell'alloggio col biglietto
guella porta s'aprirà.
Che ne dite, mio signor?
Non vi par? Non l'ho trovata?

FIGARO y **ALMAVIVA**
Che invenzione prelibata!
Bella, bella. Bravo, bravo!
In verità!

FIGARO
Piano, piano...un altr'idea!
Veda l'oro cosa fa.
Ubriaco...si ubriaco,
mío signar si fingerà.

ALMAVIVA
Ubriaco?

FIGARO
Si signore.

120. ¿De soldado?

121. Si señor.

122. ¿De soldado? ¿Y para que?

123. Hoy arriva un regimiento.

124. Si, es mi amigo el Coronel.

125. Espléndido.

126. ¿Y después?

127. ¡Cielos!
Con orden de alojamiento
esa puerta se abrirá.
¿Que dices mi señor?
¿No te parece? ¿No es buena idea?

128. ¡Que exquisita invención!
Bella, bella. ¡Bravo, bravo!
¡De verdad!

129. ¡Despacio, despacio...otra idea!
Ve que cosas hace el oro.
Borracho...si borracho,
mi señor se fingirá.

130. ¿Borracho?

131. Si, señor.

ALMAVIVA
Ubriaco? Ma perchè?

FIGARO
Perchè d'un ch'e poco in se,
che dal vino casca gia,
il tutor credete a me, il tutor si fiderà.

FIGARO y **ALMAVIVA**
Che invenzione prelibata! etc.

ALMAVIVA
Dunque?

FIGARO
All'opera.

ALMAVIVA
Andiamo.

FIGARO
Da bravo.

ALMAVIVA
Vado...Oh, il meglio mi scordavo!
Dirnmi un po, la tua bottega,
per trovarti, dovce stà?

FIGARO
La bottega? ...Non sl sbaglia;
guardi bene...eccola là.
Numero quindici a mano manca,
quattro gradini, facciata bianca
cinque parrucche nella vetrina sopra,
un cartello"Pomata fina"!
Mostra in azzurro alla moderna;
v'e per insegna una lanterna...
Là senza fallo mi troverà.

ALMAVIVA
Ho ben capito.

FIGARO
Or va da presto.

132. ¿Borracho? ...¿Pero porqué?

133. Porque así el tutor, créemelo,
pensará, que es cierto lo que
dirà alguien medio ebrio.

134. ¡Que buena idea! etc.

135. ¿Entonces?

136. Manos a la obra.

137. Vamos.

138. Bravo.

139. Ya voy... ¡Oh, me olvidaba!
¿Dime un poco, en donde está
tu tienda, para encontrarte?

140. ¿La tienda? ...No tiene pierde
mira bien...ahí está.
¡Número quince a mano izquierda
cuatro escalones, fachada blanca
cinco pelucas en la vitrina encima,
un cartel "Pomada fina"!
Muestra en azul a la moda;
una linterna es la señal...
Ahí, sin falta me encontraras.

141. He comprendido bien.

142. Ahora vete rápido.

ALMAVIVA
Tu guarda bene.

143. Tú mira bien.

FIGARO
Io penso il resto.

144. Yo pienso el resto.

ALMAVIVA
Di te mi fido.

145. En ti confió.

FIGARO
Colà l'attendo.

146. Allá te espero.

ALMAVIVA
Mio caro Fígaro...

147. Mí querido Fígaro...

FIGARO
Intendo, intendo.

148. Entiendo, entiendo.

ALMAVIVA
Porteró meco...

149. Llevaré conmigo...

FIGARO
La borsa piena.

150. La bolsa llena.

ALMAVIVA
Si, quel che vuoí, ma il resto poi...

151. Si, esa que quieres, pero el resto después...

FIGARO
Oh, non sí dubiti
che bene andrà...

152. Oh, no dudes
todo irá bien...

ALMAVIVA
Ah, che d'amore
la fiamma io sento
nunzia di giubilolo
a dí contento!
D'ardore insolito
quest'alma accende,
e di me stesso
maggior mi fa.
Ah, che de amore etc.
Ecco propizia
che in sen mi scende
e di me stesso magglor mí fa.

153. ¡Ah, de amor
yo siento la flama
como anuncio del júbilo
y de la alegría!
Un ardor insólito
a ésta alma enciende,
y a mi más grande
me hace.
Ah, de amor etc.
Y propicia
yo me encienda
y me hace sentir mas grande.

FIGARO

Delle monete
il suon gia sento!
L'oro a viene,
viene l'argento;
eccolo, eccolo
che in tasca scende;
eccolo qua.
D'ardore insolito
quest'alma accende
e dí me stesso
maggior mi fa.

154. ¡De las monedas
el sonido ya oigo!
El oro ya viene,
viene la plata;
ahí están, ahí están
y caen en mi bolsa;
aquí están.
Un ardor insólito
enciende a ésta alma
y a mí me hacen
sentirme más grande.

Figaro entra en la casa de Bartolo.

FIORELLO

Evviva il mio, padrone!
Due ore ritto in e, la come un palo
mí fa aspettare, e poi mi pianta
e se ne va.
Carpa di BaccolBruta cosa servire
un padron come questo.
Nobile, giovinotto e innamorato
questa vita, cospetto, e un gran tormento!
Ah, durarla casi non me la sento!

155. ¡Viva mi patrón!
Llevo aquí dos horas parado como un palo
me hace esperar y luego me planta
y se va.
¡Cuerpo de Baco! Para nada sirve
un patrón como éste.
¡Noble, joven y enamorado
ésta vida es un gran tormento!
¡Siento que no voy a aguantarla!

Escena II

Una habitación en la casa de Don Bartolo.

ROSINA

Una voce poco
gui nel cor mi risuono.
ll mío cor fe rito è gia,
e Lindar tu fu che il piagó.
Si, Lindoro mío sarà;
lo giurai, la vincerè
il tutor ricuserà,
io l'ingegno aguzzeró.
Alla fin s'accheterà
e contenta resteró...
Si, Lindoro mio sarà;
lo giurai, la vinceró.

Io sano doeile
son rispettosa
sano ubbediente.
Dolce, amorosa;
mi lascio reggere,
mi fa guidar.
Ma se mi toccano
dovle il mío debole
saró una vipera
e cento trappole
prima di cedere faró giocar.

ROSINA

Si, si la vinceró. Potessi almeno
mandargli questa lettera. Ma come?
Di nessun qui mi fido;
il tutore ha cent'occhi...
Basta, basta;
sigilliamola intanto.

(Con una carta en la mano)

156. Hace poco una voz
aquí en el corazón me resonó.
Mi corazón ya está herido,
y Lindoro fue quien lo hirió.
Si, Lindoro mio será;
lo juro, yo venceré
el tutor se negará,
yo el ingenio aguzaré.
Al final se calmará
y contenta quedaré...
Sí, Lindoro mío será;
lo juro, venceré.

Yo soy dócil
soy respetuosa
soy obediente.
Dulce, amorosa;
me dejo gobernar,
me dejo guiar.
Pero si me tocan
en punto débil
seré una serpiente
y haré cien trampas
antes que ceder.

157. Si, si, venceré. Si pudiera al menos
mandarle ésta carta. ¿Pero como?
Aquí no confió en nadie;
el tutor tiene cien ojos...
Basta, basta;
mientras tanto la sellaré.

Va al escritorio y sella la carta

ROSINA (*continuato*)
Con Figaro il barbiere, dalla finestre
discorrer l'ho veduto piu d'un ora
Figaro è un galantuomo,
un giovin di buon core...
Chi sa ch'ei non protegga
il nostro amore!

FIGARO
Oh, buon di signorina.

ROSINA
Buon giorno, signor Figaro.

FIGARO
Ebbene che si fa?

ROSINA
Si muor di noia.

FIGARO
Oh, diavolo! Possible!
Una ragazza bella e spiritosa...

ROSINA
Oh, oh, mi fate ridere!
Che mi serve lo spirito,
che giova la bellezza,
se chiusa io sempre sto
fra quattro mura,
che mi par d'esser proprio
in sepoltura? ...

FIGARO
In sepoltura? ...Ohibó!
Sentite, io voglio...

ROSINA
Ecco il tutor.

FIGARO
Davvero?

(*continuó*)
Por la ventana vi a Figaro
conversar mas de una hora
es un hombre galante
un joven de buen corazón...
¡Quién sabe si él no sea quien
proteja nuestro amor!

(*Llega a saludar a Rosina*)
158.   Oh, buenos días señorita.

159.   Buenos dias, señor Figaro.

160.   ¿Bien, qué haces?

161.   Me muero de tedio.

162.   ¡Oh, diablos! ¿Cómo es posible?
Una muchacha bella y espiritual...

163.   ¡Oh, oh, me haces reír!
¿De que me sirve el espíritu
de que me sirve la belleza
si siempre estoy encerrada
entre cuatro paredes,
que me parecen mi propia
sepultura? ...

164.   ¿En la sepultura? ...¡Cielos!
Escucha, yo quiero...

165.   Ahí está el tutor.

166.   ¿Deveras?

ROSINA
Certo, certo; è il suo passo.

167. Si, si, son sus pasos.

FIGARO
Salva, salva, fra poco
ci rivedremo: ho da dirvi qualche cosa.

168. Adiós, adiós, dentro de poco
nos veremos, tengo algo que decirte.

ROSINA
E ancor io, signor Figaro.

169. Y yo también, señor Fígaro.

FIGARO
Bravíssima! Vado.

170. ¡Bravísima! Me voy.

Se esconde y se asoma de tiempo en tiempo.

ROSINA
Quanto è garbato!

171. ¡Como es amable!

BARTOLO
Ah, disgraziato Figaro!
Ah, indegno! ah, maledetto!
Ah, scellerato!

172. ¡Ah, desgraciado! ¡Fígaro!
¡Ah, indigno! ¡Ah, maldito!
¡Ah, villano!

ROSINA
Ecco qua, sempre da!

(Para si)
173. ¡Aquí está, siempre grita!

BARTOLO
Ma si puo dar di peggio!
Uno spedale ha fatto
di tutta la famiglia
a forza d'opio, sangue e stranutiglía
Signorina, il barbiere, lo vedeste?

174. ¡Pero si puede dar lo peor!
¿Ha hecho un hospital
con toda la familia
a fuerza de opio, sangrías y eléboro
Señorita viste al barbero?

ROSINA
Perchè?

175. ¿Porque?

BARTOLO
Perche lo vo sapere.

176. Porque quiero saberlo.

ROSINA
Forse anch'egli v'adombra?

177. ¿Quizás te hizo enojar?

BARTOLO
E perchè no?

178. ¿Y porqué no?

ROSINA

Ebben, ve lo dirà. Si, l'ho veduto,
gli ha parlato, mi piace, m'è
simpatico il suo discorso,
il suo e aspetto...

Crepa di rabia, vecchio maledetto.

179. Bien lo diré. Si, lo he visto
le he hablado, me gusta, me es
simpática su plática,
su aspecto jovial...
(Para si)
Muere de rabia maldito viejo.

Se retira.

BARTOLO

Vedete che grazietta!
Piu llamo,
e piu mi sprezza la bríccona.
Certo, certo e il barbiere
che la mette in malizia.
Chi sa cosa le ha detto!
Chi sa? Or lo sapró.
Ehi, Berta! Ambrogio!

180. ¡Vean que graciosa!
Más la amo,
y mas me desprecia la bribona.
Cierto, cierto, es el barbero
quien la hace maliciosa.
Quien sabe que cosas le ha
dicho. ¿Quién sabe? Lo sabré.
¡Eh, Berta! ¡Ambrogio!

BERTA

Eccí!

181. ¡Achú!

AMBROGIO

Ah, ah, che comanda?

182. ¿Ah, ah, quién me llama?

BARTOLO

Dimmi: íl barbiere parlato ha con Rosina?
Rispondi almen tu, babbuino.
Che pazienza!

183. ¿Dime, el barbero ha hablado con Rosina?
Al menos responde tu idiota.
¡Qué lentitud!

AMBROGIO

Ah, ah, che sonno!

184. ¡Ah, ah, que sueño!

BARTOLO

Ebben!

185. ¿Y entonces?

BERTA

Venne ma io...

186. Vino pero yo...

BARTOLO
Rosina...
Che servi! Eccol! Qua, son mezzi morti.
Andate.
Eh, il diavol che vi porti!

187. Rosina...
¡Qué sirvientes! Están medio muertos.
Lárguense.
¡Y que se los lleve el diablo!

Ambrogio y Berta se retiran.

BARTOLO
Ah! Barbiere d'inferno, tu me la pagherai!
Qua Don Basilio;
giungete a tempo! Oh, io voglio
per forza o per amore, entro domani
sposar la mia Rosina.
Avete inteso?

188. ¡Ah! ¡Barbero del infierno, me la pagaras!
¡Aquí Don Basilio;
llegas a tiempo! Oh, yo quiero
por la fuerza o por amor casarme
mañana con mi Rosina.
¿Has entendido?

BASILIO
Eh, voi dite benissimo
e appunto io chi veniva ad avvisarvi...
Ma segretezza! ...E giunto
il Conte d'Almaviva.

189. Oh, lo que dices es buenísimo
precisamente venía a avisarte
¡Pero es un secreto! ...Ha llegado
el Conde de Almaviva.

BARTOLO
Chi? L'incognita amante.
della Rasina?

190. ¿Quién? ¿El amante incógnito
de Rosina?

BASILIO
Appunto quello.

191. Exactamente.

BARTOLO
Oh diavolo!
Ah, qui ci vuol rimedio!

192. ¡Diablos!
¡Debemos remediarlo!

BASILIO
Certo; ma alla sordina.

193. Cierto; pero a la sordina.

BARTOLO
Sarebbe a dir?

194. ¿Qué quieres decir?

BASILIO

Cosi, una buona grazia
bisogna principiare
a inventar qualche favole
che al pubblico lo metta in mala vista
Che comparir lo faccia
un uomo infame,
un anima perduta...
Io io vi serviró: fra quatro giorni,
credete a me, Basilio ve lo giura.
Noi lo farero sloggiar da queste mura.

BARTOLO

E voi credete?

BASILIO

Oh, certo! E il mio sistema.
E non sbaglia.

BARTOLO

E vorreste?
Ma una calunnia...

BASILIO

Ah, dunque
la calunnia cos'e voi non sapete?

BARTOLO

No, davvero.

BASILIO

No? Uditimi e tacete.

BASILIO

La calunnia è un venticello
unè auretta assai gentíle
che insensible, sottile
leggermente, dolcemente
incomincia a sussurrar
Piano, piano, terra, terra
sottovoce, sibilando
va scorrendo, va ronzando

195. Así, con ingenio
tenemos que empezar
a inventar una fábula
que lo haga verse mal ante la gente.
Que lo haga aparecer
como un hombre infame,
un alma perdida...
Yo te serviré: dentro de cuatro días,
créeme, Basilio, te lo juro.
Lo haremos desalojar la ciudad.

196. ¿Tu crees?

197. ¡Claro! Es mi sistema.
Y no falla.

198. ¿Y tú lo harás?
Pero una calumnia...

199. ¿Ah, entonces
no sabes que es una calumnia?

200. No, deveras.

201. ¿No? Óyeme y calla.

202. La calumnia es una brisa leve
un aura muy gentil
que insensible, sutil
que ligera y, dulcemente
comienza a susurrar
Suavemente por abajo, por abajo
en voz baja, silvando, va corriendo,
va penetrando en las orejas

BASILIO (*continuato*)
nelle orecchie lla gente
s'introauce destramente
e le teste ea i cervelli
fa stordire e fa gonfiar
Dalla bocca fuori uscendo
lo schiamazzo va crescendo
prende forza a poco a poco,
vola gia di loco in loco;
sembra il tuono, la tempesta
che nel sen della foresta
va fischiando, brontolando
e ti fa d'orror gelar
Alla fin trabocca e scoppia
si propaga, si raddoppia
e produce un'esplosione
come un colpo di cannone
un tremuoto, un temporale
un tumulto generale
che fa l'aria rimbombar.
E il meschino calunniato.
avvilito, calpestato
sotto il pubblico flagello
per gran sorte va a crepar.

BASILIO
Ah, che ne dite?

BARTOLO
Eh, sarà ver, ma intanto
si perde tempo e gui stringe il bisogno.
No, vo fare a modo mio:
in mia camera andiam.
Voglio che insieme
il contrato di nozze ora stendiamo
Quando sarà mía moglie,
da guesti zerbinotti innamorati
metterla in salvo sarà pensier mio.

BASILIO
Vengan
al resto son qua io.

(*continuó*)
de la gente
se introduce diestramente
en la cabeza y en el cerebro
y los infla y los aturde.
De la boca entonces sale
el ruido va creciendo
toma fuerza poco a poco,
vuela de lugar en lugar;
se parece al trueno, a la tempestad
que en el seno de la foresta
va silvando y gruñendo
y te hiela de horror.
Al final rebosa y revienta
se propaga y se redobla
y produce una explosión
como golpe de cañón,
un terremoto, un huracán
un tumulto general,
que hace al aire resonar
Es el mezquino calumniado.
Desanimado, humillado,
bajo el público flagelo
y si tiene suerte, se muere.

203. ¿Qué me dices?

204. Ah, puede ser, pero mientras tanto
se pierde tiempo, y aquí tenemas prisa.
No, quiero hacerlo a mi modo
Vamos a mi recámara.
Quiero que juntos
hagamos el contrato de bodas.
Cuando sea mi mujer, he pensado
mantenerla a salvo de su terco
enamorado.

(*Para si*)
205. Que venga el dinero
yo tomaré el cambio.

Figaro sale de su escondite cautelosamente, llega Rosina.

FIGARO
Ma bravi! Ma benone!
Ho inteso tutto
Evviva il buon dottore!
Povero babbuino!
Tua sposa? Eh, via!
Pulisciti ll bocchino
Or che stanno là chiusi
procuriam di parlare alla ragazza
Eccola appunto.

ROSINA
Ebbene, signar Figaro?

FIGARO
Gran cose, signorina.

ROSINA
Si? Davvero?

FIGARO
Mangerem dei confetti.

ROSINA
Come sarebbe a dir?

FIGARO
Sarebbe a dire
che il vostro bel tutore ha stabilito
esser dentro doman vostro marito.

ROSINA
Eh, via!

FIGARO
Oh, ve lo giuro;
a stender il contrato
col maestro di musica
là dentro or s'e serrato.

206. ¡Bravo! ¡Todo va bien!
¡He escuchado todo
que viva el buen doctor!
¡Pobre idiota!
¿Tú esposa? ¡Por favor!
Límpiate la boquita
Ahora que están encerrados
procura hablar con la muchacha
Aquí llega oportunamente.

207. ¿Y bien, señor Fígaro?

208. Grandes cosas, señorita.

209. ¿Si? ¿Deveras?

210. Manejaremos su fiesta.

211. ¿Que quieres decir?

212. Quiero decir
tu buen tutor ha decidido
ser mañana tu marido.

213. ¡Pero como!

214. Oh, te lo juro;
para hacer el contrato
se ha encerrado allí dentro
con el maestro de música.

ROSINA
Si? Oh, l'ha sbagliata affè!
Povero sciocco!
L'avrà da far con me.
Ma di te signar Figaro,
voi poco fa sotte le mie finestre
parlavate a un signore...

FIGARO
Ah, un mío cugíno,
un bravo, giovinotto; buona testa
ottimo cor: qui venne
i suoi studi a compire,
e il poverin cerca dí far fortuna.

ROSINA
Fortuna? Oh, la farà.

FIGARO
Oh, ne dubíto assaí; in confidenza
ha un gran difetto addosso.

ROSINA
Un gran difetto...

FIGARO
Ah, grande,
è innamorato morto.

ROSINA
Si, davvero?
Quel giovane, vedete,
m interessa moltissimo.

FIGARO
Per bacco!

ROSINA
Non ci credete?

FIGARO
Oh, si!

215. ¿Si? ¡Ha cometido un grave error!
¡Pobre tonto!
Tendrá que vérselas conmigo.
Pero dime señor Fígaro,
hace poco bajo mi ventana tu
hablabas con un señor...

216. Ah, un primo mío,
un buen joven con buena cabeza
y gran corazón: aquí viene
a completar sus estudios,
y el fortuna pobre busca hacer fortuna.

217. ¿Fortuna? Oh, la hará.

218. Lo dudo mucho; en confianza
te diré que tiene un gran defecto.

219. Un gran defecto...

220. Ah, muy grande,
está muriendo de amor.

221. ¿Si, deveras?
Ese joven, ves,
me interesa muchísimo.

222. ¡Por Baco!

223. ¿No lo crees?

224. ¡Oh, si!

ROSINA
E la sua bella
dite, abita lontano?

225. ¿Y su amada
dime, vive lejos?

FIGARO
Oh no! ...cioe...
Qui! ...due passi...

226. ¡Oh no! ...este...
...a dos pasos...

ROSINA
Ma è bella?

227. ¿Y es bella?

FIGARO
Oh, bella assai!
Eccovi il suo ritratto in due parole:
grassotta, genialotta,
capello nero, guancia porporina
occhio che parla, mano che innamora...

228. ¡Oh, es muy bella!
Aquí está su retrato en dos palabras:
gordita, talentosa,
cabello negro, mejillas rojas
ojos que hablan, mano que enamora...

ROSINA
E il nome?

229. ¿Y su nombre?

FIGARO
Ah, il nome ancora?
Il nome...Ah, che be! nome!
Si chiama...

230. ¿Ah, el nombre también?
El nombre... ¡Ah, que bello nombre!
Se llama...

ROSINA
Ebben, si chiama? ...

231. ¿Como se llama? ...

FIGARO
Poverina!
Si chiama R. o. R. o. si. si...
Rosi...na...

232. ¡Pobrecita!
Se llama R. o. Ro. si. si...
Rosí...na.

ROSINA y **FIGARO**
Rosina.

233. Rosina.

ROSINA
Dunque io son...tu non mi inganni?
Dunque io son la fortunata! ...
Gia me l'era ímmaginata;
lo sapevo pria di te.

234. ¿Entonces soy yo...no me engañas?
¡Entonces soy la afortunada! ...
Ya me lo había imaginado;
lo sabía antes que tu.

FIGARO
Di Lindoro il vago oggetto
bella Rasina.

Oh, che volpe sopraffina
ma l'acrà da far con me.

ROSINA
Senti, senti...ma a Lindoro
per parlar come si fa?

FIGARO
Zitto, zitto, qui Lindoro
per parlavi or or sarà.

ROSINA
Per parlarmi? ...Bravo, bravo!
Venga pur, ma con prudenza:
io gia moro d'impazienza!
Ma che tarda? ...Cosa fa?

FIGARO
Egli attende qualche segno,
poverin del vostro affetto
sol due righe di biglietto
gli mandate, e qui verrà.
Che ne dite?

ROSINA
Non vorrei...

FIGARO
Su coraggío.

ROSINA
Non sapreí...

FIGARO
Sol due righe...

ROSINA
Mi vergogno...

235. De Lindoro el objeto de amor
eres tu bella Rosina
(Para si)
Es tan lista como zorro pero
tendrá que arreglarse conmigo.

236. ¿Oye, oye...pero como le hago para
hablar con Lindoro?

237. Calla, calla, que Lindoro
aquí estará para hablarte.

238. ¿Para hablarme? ...¡Bravo, bravo!
¡Que venga pero con prudencia:
yo ya muero de impaciencia!
¿Pero porqué tarda? ...¿Qué hace?

239. El espera alguna señal,
pobrecito de tu afecto
solo mándale dos líneas en
un papel y aquí vendrá.
¿Qué me dices?

240. No debería...

241. Ten valor.

242. No sabría...

243. Solo dos líneas...

244. Me dá vergüenza...

FIGARO

Ma di che? Ma di che? ...Si sal
Presto presto; qua un biglietto.

245. ¿Pero porqué? ¿Porque? ...¡Él sabe!
Rápido rápido; aquí está un papel.

ROSINA

Un biglietto? ...Eccolo qua.

246. ¿Una carta? ...Aqui está.

Extrae una carta de su bolso y se lo dá.

FIGARO

Gia era scritto? Vè che bestia!
Il maestro faccio a leí!
Ah, che in cattedra costei di malizia puó dettar.
Donne donne eterni Dei,
chi vi arriva a indovinar?

(Para si)
247. ¿Ya estaba escrito? ¡Que bruto soy!
¡Y le hago al maestro con ella!
Ah que cátedra de malicia me dictó.
¡Mujeres, mujeres, eterno Dios,
porqué no puedo adivinarlas?

ROSINA

Fortunati affetti miei!
Io comincio a respirar.
Ah, tu solo amor, tu sei
che mi deví consolar!
Senti, senti...ma Lindoro...

248. ¡Son afortunados mis afectos!
Yo comienzo a respirar.
¡Ah, tu solo amor, tu eres
en me debe consolar!
Oye, oye...y Lindoro...

FIGARO

Qui verrà. A momenti
per parlavi qui sarà.

249. Aquí vendrá en cualquier momento
para hablarte aquí estará.

ROSINA

Venga pur, ma con prudenza.

250. Que venga, pero con prudencia.

FIGARO

Zitto, zitto, qui verrà.

251. Calla, calla, vendrá.

ROSINA

Ora mi sento meglio.
Questo Figaro e un bravo giovinotto.

252. Ahora me siento mejor.
Este Figaro es un buen muchacho.

BARTOLO

Insomnia, colle buone
potrei sapere dalla mia Rosina,
che venne a far colui questa mattina?

253. ¿Al fin y al cabo las buenas
podré saber de mi Rosina,
que vi no a hacer ese tipo ésta mañana?

ROSINA

Figaro? Non so nulla.

254. ¿Fígaro? No sé nada.

BARTOLO
Ti parló?

255. ¿Te habló?

ROSINA
Mi parló.

256. Me habló.

BARTOLO
Che ti diceva?

257. ¿Que te dijo?

ROSINA
Oh, mí parló di certe bagatelle.
Del figurín dí Francia
del mal della sua figlia Marcellina.

258. Oh, me habló de bagatelas...
de la moda en Francia
del mal de su hija Marcelina.

BARTOLO
Davvero! ...Ed io scornmetto...
che portó la risposta al tuo biglietto.

259. ¡Deveras! ...Y yo apuesto...
que llevó la respuesta a tu carta.

ROSINA
Qual biglietto?

260. ¿Cual carta?

BARTOLO
Che serve!
L'arietta dell' "Inutil Precauzione"
che ti cadde staman giu dal balcone.
Vi fatte rosa?
Avvesi indovinato
Che vuol dir questo dito
cosi sporco d'inchiostro?

261. ¡No te hagas!
El aria de la "Inútil Precaución"
que se te cayó ésta mañana del balcón.
¿Enrojeces?
¡Hubiera adivinado
quiere decir ese dedo
manchado de tinta?

ROSINA
Sporco? Oh nulla.
Io me l'avea scottato
e coll'inchiostro or or l'ho medicato.

262. ¿Manchado? Oh, nada.
Yo me lo quemé
y con tinta lo he curado.

BARTOLO
Diavolo!
E questi fogli...
Or son cinque...eran sei.

263. ¡Diablos!
Y esa carta...
Son cinco...eran seis.

ROSINA
Que fogli? ...E vero.
D'uno mi son servita
a mandar dei confetti a Marcellina.

264. ¿Cuáles cartas? ...Es verdad.
He usado una para
mandarle dulces a Marcelina.

BARTOLO
Bravissima! E la penna
perchè fu temperata?

265. ¡Muy lista! ¿Y la pluma
para que le sacaste punta?

ROSINA
Maledetto! La penna?
Per disegnare un fiore sul tamburo.

266. ¡Maldito! ¿La pluma?
Para dibujar un flora sobre me bordado.

BARTOLA
Sul tamburo! Un fiore?

267. ¡Sobre el bordado! ¿Una flor?

ROSINA
Un fiore.

268. Una flor.

BARTOLO
Un fiore! Ah! Fraschetta!

269. ¡Una flor! ¡Ah! ¡Descarada!

ROSINA
Davver.

270. Deveras.

BARTOLA
Zitto!

271. ¡Calla!

ROSINA
Credete.

272. Créeme.

BARTOLO
Basta cosi.

273. Ya basta.

ROSINA
Signor...

274. Señor...

BARTOLO
Non piu...tacete.

275. No más...cállate.

BARTOLO
A un dottor dela mía sorte
queste scuse signorina?
Vi consiglio, mia carina
un po'meglio a imposturar
I confetti alla ragazza?
Il ricamo sul tamburo?
Vi scottaste: eh via!

276. ¿A un doctor de mi nivel
estas excusas señorita?
Te aconsejo, queridita mía
engañarme mejor
¿Los dulces para la muchacha?
¿El bordado en la tela?
¡Te quemaste: por favor!

BARTOLO (*continuato*)
Ci vuol altro, figlia mia,
per potermi corbellar.

Perchè manca là quel foglio?
Vo'saper catesto imbroglio.
Sono inutil le smorfie
ferma là, non mi toccate!
Figlia mia, non lo sperate
ch'io mí lasci infínocchiar.

Via, carina, confessate;
son disposto a perdonar
Non parlate? Vi ostinate?
So ben io quel che da.
Signorina, un'altra volta
quando Bartolo andrà fuori,
la consegna ai servitori
a suomodo far saprà.
Eh, non servono le smorfie
faccia pur la gatta morta.
Cospetton! Per quella porta
nernmen l'aria entrar potrà.
E Rasina innocentina,
sconsolata, disperata,
in sua camera serrata
fin ch'io voglio star dovrà.

(*continuó*)
Se necesita otra cosa, hija mía
para poderme engañar.

¿Porque falta aquella carta?
Quiero saber todo el embrollo.
¡Son inútiles los remilgos
ya basta, no me tocarás!
Hija mía, no esperes
que yo me deje engañar.

Vamos, queridita. Confiesa;
estoy dispuesto a perdonar.
¿No hablas? ¿Eres obstinada?
Bien que tengo que hacer.
Señorita, una vez mas
cuando Bartolo ande fuera
la consigna a los sirvientes
la hará a su modo.
No te servirán las dulces son-
risas ni tu carita inocente.
¡Cielos! Por esa puerta
ni el aire podrá entrar.
Y Rosina, inocentita,
desconsolada, desesperada,
en su recámara encerrada
estará hasta que yo quiera.

Parte

ROSINA
Brontala guanto voi,
chiudi porte e finestre.
lo me ne rida.
Gia dí noi fernmine alla píu marmotta
per agguzar l'ingegno
e far spiritosa
tutto ad un tratto
basta chiuderla a chiave
e il colpo e fatto.

277. Gruñe cuanto quieras,
cierra puertas y ventanas.
Yo me rio.
Para aguzar el ingenio de
la mujer aun a la más tonta
y la mas espiritual
todo en un lapso
basta encerrarla con llave
y el golpe se ha dado.

BERTA

Fionora in questa camera
mi parve di sentir un mormario;
sarà stato il tutor colla pupila,
non ha una ora di ben.
Queste ragazze non la voglio capir.

278. Hasta ahora en ésta recámara
me parece escuchar un murmullo;
habrá estado el tutor con la pupila,
él no tiene ni una hora de paz.
Estas muchachas no quieren entender.

Tocan la puerta.

Battono.

Están tocando.

ALMAVIVA

Aprite.

279. Abran.

BERTA

Vengo, ecci, ancora dura.
Quel tabacco m'ha
in sepoltura.

280. ¡Ya voy, atchuu, va voy!
Ese tabaco me ha
puesto en la sepultura.

Corre a abrir.

El Conde disfrazado de soldado de caballería. Llega Bartolo.

ALMAVIVA

Ehi, di casa! ...Buona gente! ...
Ehi, di casa! ...Niun mi sente!

281. ¡Eh, de la casa! ...¡Buena gente!
¡Eh, de la casa! ...¡Nadie me oye!

BARTOLO

Chi è costui? ...
Che brutta faccia!
E ubriaco! Chi sarà?

(Entrando)
282. ¿Quién es ese? ...
¡Que fea cara!
¡Borracho! ¿Quién será?

ALMAVIVA

Hey! Di casa! ...Maledetti!

283. ¡Hey! ¡De la casa! ...¡Malditos!

BARTOLO

Cosa vuoi signor soldato?

284. ¿Qué quiere señor soldado?

ALMAVIVA

Ah! Si...si bene obbligato!

285. ¡Ah! ¡Si...si muy obligado!

BARTOLA

Qui costui che mai vorrà?

286. ¿Y este qué querrá?

ALMAVIVA
Siete voi...Aspetta un poco...
Siete voi...dottor Balordo?

BARTOLO
Che balordo?

ALMAVIVA
Ah, ah, Bertoldo!

BARTOLO
Che Bertoldo?
Eh, andate al diavolo!
Dottor Bartolo.

ALMAVIVA
Ah, bravissimo;
dottor Barbaro, benissimo.
Dottor Barbaro!

BARTOLO
Un corno!

ALMAVIVA
Va benissimo; gia v'e poca differenza.

Non si vede! Che impazienza!
Quanto tarda! dove stà?

BARTOLO
Io gia perdo la pazienza,
gui prudenza ci vorrà.

ALMAVIVA
Dunque voi...siete dottore?

BARTOLO
Son dottore, si signore.

ALMAVIVA
Va benissimo, un abbraccio, qua colega.

BARTOLO
Indíetro!

---

287. Eres tu...espera un poco...
¿Eres tu...el doctor Balordo?
(Idiota)

288. ¿Qué quieres decir con idiota?

(Leyendo)
289. ¡Ah, ah, Bertoldo!

290. ¿Cuál Bertoldo?
¡Eh, vete al diablo!
Doctor Bartolo.

291. Ah, bravísimo;
doctor Bárbaro, buenísimo.
¡Doctor Bárbaro!

292. ¡Al cuerno!

293. Buenísimo, hay poca diferencia.
(Para si)
¡No se ve! ¡Estoy tan impaciente!
¡Cuánto tarda! ¿En dónde está?

(Para si)
Yo ya pierdo la paciencia,
aquí hace falta prudencia.

294. ¿Entonces tú...eres doctor?

295. Soy doctor, si señor.

296. Que bueno, un abrazo, colega.

297. ¡Atrás!

ALMAVIVA
Ah!

Qua, Sono anch'io dottor per cento,
maniscalco al reggimento.

Dell alloggio sul biglietto
osservate eccolo qua.

Ah, venisse el caro oggetto
della mía felicità.

BARTOLO
Dalla rabbia e dal dispetto
io gia crepo in verità.
Ah, ch'io fo se mi ci metto
qualche gran bestialità!

ALMAVIVA
Vieni, vi il tuo diletto
pien d'amor t'attende qua.

ROSINA
Un soldato...

...íl tutore!
Cosa mai faranno qua?

ALMAVIVA
E Rosina or son contento.

ROSINA
Ei mi guarda, e s'avvicina.

ALMAVIVA
Son Lindoro.

298. ¡Ah!
(Lo abraza por la fuerza)
Aquí, yo también soy doctor,
herrador en el regimiento.
(La presenta un documento)
Observa aquí,
la orden de alojamiento.
(Para si)
Ah si viniera el querido
objeto de mi felicidad.

(Para si)
299. En verdad me muero de rabia
y de despecho.
¡Ah, que bestialidad cometería
si le hiciera caso!

(Lee el documento)
(Para si)
300. Ven, ven, tu preferido
lleno de amor te espera aquí.

301. ¡Un soldado!...

Se detiene mirando a Bartolo.
...¡el tutor!
¿Qué cosa harán aquí?

Avanza poco a poco.

302. Es Rosina, ahora estoy contento.

303. El me mira y se acerca.

304. Soy Lindoro.

ROSINA
Oh, ciel! Che sento!
Ah, guídízio per età!

305. ¡Cielos! ¡Que oigo!
¡Ten juicio por piedad!

BARTOLO
Signorina, che cercate?
Presto, presto, andate, via.

306. ¿Señorita, qué buscas?
Rápido, rápido vete.

ROSINA
Vado, vado, non gridate.

307. Ya voy, ya voy, no grites.

BARTOLO
Presto, presto, via di qua.

308. Rápido, rápído, vete de aquí.

ALMAVIVA
Ehi, ragazza, vengo anch'io.

309. Eh, muchacha, yo también voy.

BARTOLO
Dove, dove, signor mio?

310. ¿Adónde, adónde, señor mio?

ALMAVIVA
In caserma, oh questa è bella!

311. ¡Al cuartel, oh éste es bello!

BARTOLO
In caserma? ...Bagatella!

312. ¿Al cuartel? ...

ALMAVIVA
Cara!

313. ¡Querida!

ROSINA
Aiuto!

314. ¡Auxilio!

BARTOLO
Olà, cospetto!

315. ¡Hey, cielos!

ALMAVIVA (*A Bartolo, encaminándose hacia las recámaras.*)
Dunque vado.

Entonces vamos.

BARTOLO
Oh no, signore.
Qui d'alloggio non puo star.

316. Oh no, señor.
Aquí no puede alojarse.

ALMAVIVA
Come? come?

317. ¿Cómo? ¿Cómo?

BARTOLO
Eh, non v'e replica
ho il brevetto d'esenzione.

318. *(Deteniéndolo)*
Eh, no repliques
tengo el certificado de exención.

ALMAVIVA
Il brevetto?

319. ¿El certificado?

BARTOLO
Mio padrone
un momento, e il mostreró.

320. Señor
un momento, te lo mostraré.

Va al escritorio.

ALMAVIVA
Ah, se qui restar non posso,
deh, prendete...

321. *(A Rosina)*
Ah, si no puedo quedarme aquí,
aquí...toma...

ROSINA
Ohimè, ci guarda!

322. ¡Cielos! ¡Nos está mirando!

BARTOLO
Ah, trovarlo ancor non posso.

323. Ah, aun no puedo encontrarlo.

ROSINA
Prudenza!

324. *(Buscando en el escritorio)*
¡Ten cuidado!

BARTOLO
Ma, si, si, lo troveró.

325. Pero, si, si lo encontraré.

ALMAVIVA y **ROSINA**
Cento smanie lo sento addosso
Ah, piu reggere non so.

326. Siento cien deseos dentro de mi
Ah, ya no soporto más.

BARTOLO
Ecco qua,

Con la presente
il Dottor Bartolo, etcetera.
Esentiamo...

327. *(Trae un pergamino)*
Aquí está,
(Lee)
Con la presente
el Doctor Bartolo etcétera.
Exceptuamos...

ALMAVIVA

Con un movimiento de la mano manda al aire el papel.

Eh, andate, al diavolo!
Non mi state piu a seccar.

¡Eh, vete al diablo!
328. No me molestes más.

BARTOLO
Cosa fa, signor mio caro?

329.   ¿Qué haces, querido señor?

ALMAVIVA
Zitto là, Dottor somaro.
Il mio alloggio è qui fissato
e in alloggio gui vo star.

330.   Quieto, Doctor burro.
Mi alojamiento ha sido fijado
aquí, y aquí quiero alojarme.

BARTOLO
Vuol restar?

331.   ¿Te quieres quedar?

ALMAVIVA
Restar, sicuro.

332.   Quedarme, seguro.

(Tomando un bastón)
BARTOLO
Oh, son stufo, mio padrone;
presto fuori o un buon bastone
lo farà di qua sloggiar.

333.   Oh, estoy harto, señor mío;
rápido, fuera o un buen bastón
te hará desalojar.

ALMAVIVA
Dunque lei, lei vuol battaglia?
Ben! Battaglia le vó dar.
Bella cosa è una battaglia,
ve la voglio qui mostrar.
Osservate! ... questo è il fosso...
L'inimico voi sarete...
Attenzlon... e gli amici...

334.   ¿Entonces tu, tu quieres pelea?
¡Bien! Te daré pelea.
Bella cosa es una batalla.
Te la quiero mostrar aquí.
¡Observa! Éste es el foso...
Tú serás el enemigo...
Pon atención... los amigos...

En voz baja a Rosina mientras se le acerca mostrándole una carta.

Gui il fazzoletto.

Saca tu pañuelo.
(A Bartolo)
Y los amigos estarán aquí.
¡Atención!

...E gli amicí stan di qua.
Attenzione!

Deja caer la carta y Rosina hace caer sus pañuelos encima de ella.

BARTOLO
Ferma, ferma!

335.   ¡Detente, detente!

(Recoge la carta del piso)
ALMAVIVA
Che cos'e? Ah...

336.   ¿Que cosa es? Ah...

BARTOLO
Vo'vedere.

337.   Quiero verla.

ALMAVIVA

Si, se fosse una ricetta!
Ma un biglietto...è mío dovere...
Mi dovete perdonar.

338. ¡Si, sí fuera una receta!
Pero una carta...es mi deber...
Me debes perdonar.

Entrega la carta y el pañuelo a Rosina.

ROSINA

Grazie, grazie!

339. ¡Gracias, gracias!

Cambia la carta por otro papel.

BARTOLO

Grazie un corno!
Qua quel foglio, impertinente!

340. ¡Gracias, un cuerno!
¡Dame ese papel, impertinente!

ALMAVIVA

Vuol battaglia? Attenzion!

341. ¿Quieres batalla? ¡Atención!

BARTOLO

A chi dico? Presto qua.

342. Te estoy hablando, Dámelo.

ROSINA

Ma quel foglio che chiedete,
per azzardo mle cascato;
è la lista del bucato.

343. Pero ese papel que quieres
se me cayó por accidente;
es la lista de la ropa sucia.

Entra Basilio con papeles en la mano y Berta lo acompaña.

BARTOLO

Ah! Fraschetta! Presto qua.

344. ¡Ah, imprudente! Dámelo.

Le arrebata el papel a Rosina

Ah! Che vedo! Ho preso abbaglio!

¡Ah! ¡Qué veo! ¡Estoy equivocado!

BERTA

Il barbiere...

345. El barbero...
(Para sí)
¡Cuánta gente!

Quanta gente!

BARTOLO

E la lista, son di stucco!
Ah, son proprio un marnmalucco!
Ah, che gran bestialità!

346. Y la lista, no puedo creerlo,
¡Ah, soy un imbécil!
¡Ah, que gran bestialidad!

ROSINA y **ALMAVIVA**
Bravo, bravo il marnmalucco
che nel sacco entrato è già.

347. Bravo, bravo el imbécil
ya ha entrado en la trampa.

BERTA
Non capisco, son di stucco
qualche imbroglio qui ci stà.

348. No entiendo, estoy sorprendida
que embrollo tenemos aquí.

BASILIO
Sol sol sol...re mi
fa re sol mi la fa si sol do
Ma che imbroglio è questo qua?

349. Sol sol sol do re mi
fa re sol mi la fa si sol do
¿Pero qué embrollo es éste?

ROSINA
Ecco qua!
sempre un istoria;
sempre oppressa e maltrattata
ah, che vita disperata!
Non la so piu sopportar.

350. ¡Miren!
¡Siempre una historia
siempre oprimida y maltratada
ah, que vida desesperada!
Ya no la puedo soportar.

BARTOLO
Ah, Rosina...poverina.

351. Ah, Rosina...pobrecita.

ALMAVIVA
Vía qua tu, cosa le hai fatto?

352. ¿Vete de aquí, que cosa le has hecho?

BARTOLO
Ah, fermate...niente affato...

353. Ah, cálmate...no le he hecho nada...

ALMAVIVA
Ah, canaglia, traditore!

(Desenvainando su espada)
354. ¡Ah, canalla, traidor!

TODOS
Via. fermatevi, signore.

355. Ya, cálmense señores.

ALMAVIVA
Lo ti voglio subissar!

356. ¡Yo te quiero aplastar!

TODOS
Gente! Aiuto soccorretelo!

357. ¡Gente! ¡Auxilio, socórranlo!

ALMAVIVA
Lasciatemi!

358. ¡Déjenme!

TODOS
Gente! Aiuto per pietà!

359.   ¡Gente, auxilio, por piedad!

Entra Figaro con una vasija bajo el brazo.

FIGARO
Alto là!
Che cosa accade, signori miei?
Che chiasso è questo?
Eterni Dei!
Già sulla strada
a questo strepito s'e redunata mezza città.

360.   ¡Alto ahí!
¿Qué cosa pasa, señores míos?
¿Que bulla es ésta?
¡Dios eterno!
Ya llega el estrépito hasta la calle,
y se ha reunido la mitad de la ciudad.

(Al Conde en voz baja)

Signor, giudizio per carità.

Por caridad, ten juicio, señor.

BARTOLO
Questè'un birbante...

(Señalando al Conde)
361.   Este es un tunante...

ALMAVIVA
Questè'un briccone...

(Señalando a Bartolo)
362.   Este es un bribón...

BARTOLO
Ah, disgraziato!

363.   ¡Ah, desgraciado!

ALMAVIVA
No, voglio ucciderlo,
non v'e pietà.

364.   No, quiero matarlo,
sin piedad.

Se oyen violentos toquidos en la puerta de la calle.

ROSINA, BERTA, FIGARO
Zitti, che bussano...

365.   Callen, alguien toca...

TUTTI
Chi mai sarà?

366.   ¿Quién será?

BARTOLO
Chi è?

367.   ¿Quién es?

CORO
La forza, aprite qua.

(Desde afuera)
368.   ¡La guardia, abran!

TODOS
La forza! Oh diavolo!

369.   ¡La guardia! ¡Diablos!

FIGARO, BASILIO
L'avete fatta!

370. ¡Vean lo que han hecho!

ALMAVIVA y BARTOLO
Niente paura,
venga pur qua.

371. No tengan miedo,
dejen que entren.

TODOS
Quest'avventura.
Ah, come diavolo
mai finirà?

372. Esta aventura.
¿Cómo diablos
terminará?

Entran un oficial y varios soldados.

SOLDADOS
Fermi tutti, Nessun si muova
Miei signore, che si fà?
Questo chiasso dond'e nato?
La cagione presto qua?

373. ¿Alto, no se mueva nadie
pasa señores míos?
¿Cómo comenzó éste escándalo?
¿Cuál fue la causa?

BARTOLO
Questa bestia di soldato,
si signor, m'ha maltrattato.

374. Esta bestia de soldado,
si señor, me ha maltratado.

FIGARO
Io qua venni, mio signore,
questo chiasso ad acquetare.

375. Yo vine aquí, señor mío,
a aquietar ésta bulla.

BASILIO y BERTA
Fa un inferno di rumore,
parla sempre d'awwazzare.

376. Hace un ruido infernal,
habla siempre de matar.

ALMAVIVA
In alloggio quel briccone
non mi volle qui accettare.

377. Ese bribón no quiere darme
alojamiento aquí.

ROSINA
Perdonate, poverino,
tutto effetto fu del vino.

378. Perdónalo, pobrecito,
todo fue efecto del vino.

OFICIAL

Ho inteso.

Galantuom, siete in arresto.
Fuori presto!
Via di qua.

ALMAVIVA

In arresto? Io?
...Fermi, olà.

379. Entiendo.
(Al Conde)
Señor, estás bajo arresto.
¡Rápido, fuera!
¡Largo de aquí!

380. ¿Bajo arresto? ¿Yo?
...Cálmate.

Con un gesto autoritario detiene a los soldados.
Le entrega un papel al oficial quien al leerlo, le hace una reverencia y con una señal,
ordena a los soldados que se retiren, hacienda él lo mismo. Todos quedan muy sorprendidos.

ROSINA, BASILIO, BERTA

Fredda ed immobile
come una statua
fiato non restami
da respirar.

381. Congelados e inmóviles
corno una estatua
sin aliento nos quedamos
sin respirar.

ALMAVIVA

Freddo ed immobile
come una statua
fiato non restagli
da respirar.

382. Congelados e inmóviles
como una estatua
sin aliento no se queden
sin respirar.

FIGARO

Guarda Don Bartola!
Sembra una statual
Ah, ah, dal ridere
sto per crepar!

383. ¡Miren a Don Bartolo!
¡Parece una estatua!
¡Ja, ja, me muero
de risa!

BARTOLO

Ma, signor...

384. *(Al oficial)*
Pero señor...

CORO

Zitto tu!

385. ¡Tú, cállate!

BARTOLO

Ma un dottor...

386. Pero un doctor...

CORO

Oh, non piu!

387. ¡Oh, no mas!

BARTOLO
Ma se lei...

CORO
Non parlar...

BARTOLO
Ma vorrei...

CORO
Non gridar.

BERTA, BARTOLO, BASILIO
Ma se noi...

CORO
Zitto tú!

BERTA, BARTOLO, BASILIO
Ma se poi...

CORO
Pensiam noi.

BERTA, BARTOLO, BASILIO
Ma se poi...

CORO
Zitto tu!

BERTA BARTOLO BASILIO
Ma se noi...

CORO
Non parlar!
Vada ognun pei fatti suoi,
si finisca d'altercar.

BARTOLO
Ma sentite...ascoltate...

BERTA, ROSINA, FIGARO, BASILIO
Zitto su! Zitto giu!
Zitto ! Zitto là!

388. Pero si ella...

389. No hables...

390. Pero quisiera...

391. No grites.

392. Pero entonces...

393. ¡Tú cállate!

394. Pero entonces...

395. Nosotros juzgamos.

396. Pero entonces...

397. ¡Cállense!

398. Pero si nosotros...

399. ¡No hablen!
Cada quien atienda lo suyo,
y terminen de altercar.

400. Pero óiganme...escúchenme...

401. ¡Quietos! ¡Quietos!
¡Quietos! ¡Quietos!

TODOS

Mi par dlessere con la testa
in un orri fucina.
Dave cresce e mai non resta
delle incudine sonore
l'importuno strepitar.
Alternando questo e guello
pesantissimo martello
fa con barbara armonia
muri e volte rimbombar
E il cervello, poverello
gia stordito, sbalordito
non ragiona, si confonde
si riduce ad impazzar.

402.   Parece que estoy con la cabeza
en una horrible fragua.
En donde crece y no descansa
el yunque sonoro
el estrépito inoportuno.
Golpeando esto y aquello
el pesadísimo martillo
hace con armonía
muros y bóvedas resonar.
Y el cerebro pobrecito
aturdido, asombrado
no razona, se confunde
se reduce a enloquecer.

Acto II

Una habitación en casa de Bartolo.
Un pianoforte con su silla Bartolo se encuentra solo.

BARTOLO

Ma vedi il mio destino!
Quel soldato per quanto abbia cercato
niun lo conosca in tutto il reggimento.
Io dubito...eh cospetto!
Che dubitar? Scommetto
che dal Conte Almaviva
è stato qui spedito quel signore
ad esplorar della Rosina il core.
Nemmeno in casa propria
sicuri si puo star!
Ma io...

Chi batte?

Ehi, chi è di là
Battono, non sentite?
In casa io son; non v'è timore aprite.

403. ¡Pero vean mi destino! Ese
soldado que tanto he buscado nadie
lo conoce en todo el regimiento.
¡Yo dudo...oh cielos!
¿Porqué dudar? Apuesto
de parte del Conde Almaviva
ha estado aquí aquel señor
para explorar el corazón de Rosina.
¡Ni siquiera en la propia
casa seguro se puede estar!
Pero yo...
(Tocan la Puerta)
¿Quién toca?
(A los sirvientes)
Eh, alguien...
¿Que no oyen que tocan?
Estoy en casa no teman abrir.

Llega el Conde vestido de maestro de música.

ALMAVIVA

Pace e gioia sia con voi.

404. Que la paz y la alegría sean contigo.

BARTOLO

Mille grazie, non s'incomodi.

405. Mil gracias, no se incomode.

ALMAVIVA

Gioia e pace per mill'anni.

406. Alegría y paz por mil años.

BARTOLO
Obbligato in verità.

Questo volto non m'e ignoto
ma non ravviso...non ricordo
ma quel volto...ma l volto...
non capisco...chi sarà?

ALMAVIVA
Ah, se un colpo è andato a vuoto
a gabbar questo balordo
un novel travestimento
piu propicio a me sarà

Gioia, e pacefpace e gioia!

BARTOLO
Ho capito.

Oh, ciel che noia!

ALMAVIVA
Gioia e pace, ben di coreo.

BARTOLO
Basta, basta, per pietà.

Ma che perfido destino!
Ma che barbara ornata!
Tutti quanti a me davanti!
ehe crudel fatalità!

ALMAVIVA
Il vechio non mi canosce;
oh, mia sorte fortunata!
Ah, mio ben! Fra pochi istanti
parlerem con libertà.

BARTOLO
Insomma mio signore
chi e lei, si puó sapere? ...

407. En verdad muchas
(Para sí)
Este rostro no me es desconocido,
pero no lo reconozco, no lo
recuerdo, pero ese rostro ese rostro,
no comprendo. ¿Quién será?

(Para sí)
408. Ah, de un golpe he mandado al vacío,
he engañado a éste idiota
con éste nuevo disfraz
más propicio me será.

¡Alegría y paz, paz y alegría!

409. He entendido.
(Para sí)
¡Oh cielos, que aburrimiento!

410. Alegría y paz en el corazón.

411. Basta, basta, por piedad.
(Para sí)
¡Pero que pérfido destino!
¡Pero que bárbara jornada!
¡Todos en contra de mí!
¡Que cruel fatalidad!

(Para sí)
412. ¡El viejo no me reconoce;
oh, suerte mía afortunada!
¡Ah, bien mío! Dentro de pocos
instantes hablaremos con libertad.

413. ¿Entonces señor mío
quién eres tú, se puede saber? ...

ALMAVIVA
Don Alonso,
Profesore di musica ed allievo
di Don Basilio.

BARTOLO
Ebbene?

ALMAVIVA
Don Basilio
sta male, il poverino,
ed in sua vece...

BARTOLO
Sta mal? Corro a vederlo...

ALMAVIVA
Piano, piano,
Non è un mal cosi grave.

BARTOLO
Di costui non mi fido.
Andiamo, andiamo.

ALMAVIVA
Ma signore...

BARTOLO
Che c'è?

ALMAVIVA
Voleva dirvi...

BARTOLO
Parlate forte.

ALMAVIVA
Ma...

BARTOLO
Forte vi dico.

414. Don Alonso,
Profesor de música y alumno
de Don Basilio.

415. ¿Y bien?

416. Don Basilio
mal, el pobrecito,
y en su lugar...

417. ¿Esté mal? Corro a verlo...

(Deteniéndolo)
418. Despacio, despacio,
No es un mal así de grave.

419. De éste no me fio.
Vamos, vamos.

420. Pero señor...

421. ¿Qué pasa?

422. Quería decirte...

423. Habla fuerte.

(En voz baja)
124. Pero...

425. Fuerte, te digo.

ALMAVIVA
Ebben, come volete.

Ma chi sia Don Alonso apprenderete.

Vo dal Conte Almaviva...

BARTOLO
Piano, piano.
Dite, dite, v'ascolte.

ALMAVIVA
Il Conte...

BARTOLO
Pian per carità.

ALMAVIVA
Stamane nella stessa lecanda
era mecco d'alloggio, ed in miei mani,
per caso capitó questo biglietto,
dalla vostra pupila a lui diretto...

Le entrega la carta y Bartolo la mira.

BARTOLO
Che vedo! ...È sua scrittura!

ALMAVIVA
Don Basilio
nulla sa di quel io; ed io
per lui venendo a dar lezione
alla ragasza, voleva farmene
un merito con voi...perche...
con quel bigietto...si potrebbe.

BARTOLO
Che cosa?

426. Está bien, como quieras.
(Alzando la voz)
Aprenderás quien es Don Alonso.
(En actitud de partir)
De parte del Conde Almaviva...

427. Despacio, despacio.
Dime, dime te escucho.

428. El Conde...

429. Despacio, por caridad.

430. Esta mañana en misma posada
en que estoy, se alojó, y por casualidad
cayó en mis manos esta carta,
de tu pupila la dirigida a él...

431. ¡Qué veo! ...¡Es su escritura!

432. Don Basilio
nada sabe de la carta; y yo
vengo en su lugar a dar la lección
a la muchacha, y quería
hacer méritos contigo...porque...
con esa carta...se podría...

433. ¿Qué cosa?

ALMAVIVA

Vi diró...
S'io potessi parlare alla ragazza,
io creder...verbigrazia...le farei...
che me lo diè del Conte un'altra amante,
prova significante
che il Conte di Rosina si fa gioco.
E percio...

BARTOLO

Piano un poco!
Una calunnia! ...Oh, bravo!
Degno è vera scolar di Don Basilio!

Lo abraza y le pone en la bolsa la carta.

Io sapró come merita
ricompensar si bel suggerimento.
Vo a chiamar la ragazza;
poiche tanto per me v'interessate,
mi raccomendo a voi.

ALMAVIVA

Non dubitate.

Bartolo entra en la recámara de Rosina.

L'affare del biglietto
dalla bocca m'è uscito non volendo.
Ma come far? Senza un tal ripiego
mi toccava andar via come un baggiano.
Il mio disegno a lei ora paleseró;
s'ella accosente, io son felice appieno.
Eccola.
Ah, il cor sento balzarmi in seno.

BARTOLO

Venite, signorina, Don Alonso,
che qui vedete, or vi darà lezione.

434. Te lo diré...
Si yo pudiera hablarle a la muchacha,
le haría...creer...que otra...
amante del Conde me la dio,
prueba significante
de que el Conde de Rosina está jugando.
Y por eso...

435. ¡Despacio!
¡Una calumnia! ...¡Oh bravo!
¡Eres digno pupilo de Don Basilio!

Yo sabré como amerita recompensar
tu bella sugerencia.
A llamar a la muchacha;
porque te interesaste tanto,
en mí que a ti me encomiendo.

436. No dudes.

El asunto de la carta
437. me ha salido de la boca sin querer.
¿Pero como hacerlo? Sin ese recurso
me hubiera tenido que ir como un
papanatas.
Ahora le plantearé a ella mi plan;
y si está de acuerdo seré, plenamente feliz.
Aquí viene.
Ah, siento que mi corazón salta.

438. Ven señorita, Don Alonso,
que aquí ves, hoy te dará la lección.

ROSINA
Ahí! ...

BARTOLO
Cos'è stato?

ROSINA
E un granchio al piede.

ALMAVIVA
Oh, nulla:
sedete a me vicin, bella fanciulla.
Se non vi spiace, un poco di lezione
di Don Basilio invece vi darò.

ROSINA
Oh, con mio gran piacere la prenderò.

ALMAVIVA
Che volete cantare?

ROSINA
Io canto se le aggrada
il Rondo dell "Inutil Precauzione"!

BARTOLO
Eh, sempre, sempre in bocca
"L'inutil Precauzione"!

ROSINA
Io ve l'ho dette:
è il titolo dell'opera novella.

BARTOLO
Orbene, intesi, andiamo.

ROSINA
Eccolo qua.

ALMAVIVA
Da brava, incominciamo.

439.   ¡Ah! ...

440.   ¿Qué te pasa?

441.   Un calambre en mi pie.

442.   Oh, eso no es nada:
siéntate a mi lado bella dama.
Si no te molesta, te daré la lección
en lugar de Don Basilio.

443.   La tomaré con gran placer.

444.   ¿Qué quieres cantar?

445.   ¡Yo canto si le agrada
el rondó de la "Inútil Precaución"!

446.   ¡Siempre tiene en la boca
"La Inútil Precaución"!

447.   Te lo he dicho:
es el título de la nueva opera.

448.   Bien, lo entiendo, adelante.

449.   Aquí está.

450.   Buena chica, comencemos.

El Conde se sienta al piano y acompaña a Rosina mientras canta.
Bartolo se sienta y escucha.

ROSINA

Contro un cor che accende amore
di verace, invitto
alarma invan poter tiranno
di rigor, di crudelta.
n'ogni assalto vincitore
amore trionferà.

451. En contra de un corazón que arde
de amor inextinguible
se arma el poder tirano
de rigor y de crueldad.
Vencedor de todo asalto
siempre el amor triunfará.

Bartolo se duerme.

Ah, Lindoro, mio tesoro.
Se sapessi, se vedessi!
Questo cane di tutore
ah, che rabbia che mi fa!
Caro, a te mi raccomando,
tu mi salva, per pietà.

Ah, Lindoro, tesoro mío.
¡Si supieras, si vieras!
¡Este cruel tutor
que rabia me provoca!
Rido, a ti me encomiendo,
sálvame por piedad.

ALMAVIVA

Non temer, ti rassicura;
sorte amica a noi sarà.

452. No temas, te aseguro que la fortuna;
será nuestra amiga.

ROSINA

Dunque spero?

453. ¿Entonces tengo esperanza?

ALMAVIVA

A me t'affida.

454. Confía en mí.

ROSINA

E il mío cor?

455. ¿Y mi corazón?

ALMAVIVA

Giubilerà!

456. ¡Se llenará de júbilo!

ROSINA

Cara immagine ridente,
dolce idea d'un lieto amor,
tu m'accendi in petto il core
tu mi porti a delirar.

457. Querida imagen risueña,
dulce idea de un lindo amor,
tú enciendes en mí el corazón,
tü me haces delirar.

ALMAVIVA

Bella voce! Bravissima!

458. ¡Bella voz! ¡Excelente!

ROSINA

Oh! Mille grazie.

459. ¡Oh! Mil gracias.

BARTOLO

Certo, bella voce,
ma quest'aria, cospetto!
È assai noiosa;
la musica à miei tempi
era altra cosa.
Ah, quando per essempío,
cantava Caffariello
quell'aria portentosa,
la ra la...

Sentite, Don Alonso, eccola qua.

Quando mi sei vicina, amabile Rosina...

L'aria dicea Giannina
ma io dico Rosina...

Quando mi sei vicina
amabile Rosina,
il cor mi brilla in petto
mi balla il minuetto...

460.

(Despertando)
¡Cierto, que bella voz,
pero esa aria, Dios mío!
Es bastante aburrida;
la música en mis tiempos
era otra cosa.
Ah, cuando por ejemplo,
cantaba Caffariello
aquella aria portentosa,
la ra la...
(Tratando de recordar el tema)
Escucha Don Alonso, aquí está.

Cuando estás cerca de mi, amable
Rosina...

El aria decía Giannina
pero yo digo Rosina...

Cuando estás cerca de
mi amable Rosina,
el corazón brilla en mi pecho
y baila el minueto...

Entra Figaro con la vasija baja su brazo y se sitúa detrás de Bartolo y lo imita.

BARTOLO

Bravo, signor barbiere,
ma bravo!

461.

¡Bravo, señor barbero,
bien hecho!

FIGARO

Eh, niente affato:
scusi, son debolezze.

462.

Eh, no he hecho nada:
disculpa, estás equivocado.

BARTOLO

Ebben guidone,
che vieni a fare?

463.

¿Entonces, pillo,
que vienes a hacer?

FIGARO

Oh! Bella!
Vengo a farvi la barba:
oggi vi tocca.

464.

¡Oh! ¡A algo bello!
Vengo a hacerte la barba:
hoy te toca.

BARTOLO
Oggi non voglio.

FIGARO
Oggi non vuol? ...
Dimani non potró io.

BARTOLO
Perchè?

FIGARO
Perche ha da fare
a tutti gli uffiziali del
nuovo reggimento barba e testa
alla Marchesa Andronica
il biondo parruchin coi maronè...
al Conte Bombè
il ciuffo a campanile...
purgante all'avvocato Bernardone
che ier s'ammaló d'indigestione...
e poi...e poi...¿Che serve?
Doman non posso.

BARTOLO
Orsü, meno parolè.
Oggi non vó far la barba.

FIGARO
No? Cospetto!
Guardate che avventori
Vengo stamane...in casa vie
l'inferno, ritorno do po pranzo:
oggi non voglio...
Ma che? Miavete preso
per un qualche barbier da contadini?
Chiamate per un altro, io me vado.

465. ¡Hoy no quiero!

466. ¿Hoy no quieres? ...
Mañana yo no podré.

467. ¿Por qué?

(Saca del bolsillo su agenda)
468. Porque tengo que hacer
barba y pelo a todos los oficiales
del nuevo regimiento
a la Marquesa Andrónica
la peluca rubia con bucles...
al pequeño Conde Bombé
el mechón como campanario...
purgar al abogado Bernardone
que ayer se enfermó de indigestión...
y después... ¿Qué más?
Mañana no puedo.

469. Vamos, no hables tanto.
Hoy no quiero hacerme la barba.

470. ¿No? ¡Cielos!
Miren que cliente
Vengo esta mañana a esta casa y
es un infierno...regreso después
del almuerzo: hoy no quiero...
¿Qué es esto? ¿Me has tomado
por cualquier barbero de campesinos?
Llama a otro, yo me voy.

Toma la vasija como gesto de partida.

BARTOLO
Che serve? ...A modo suo;
vedi che fantasia!
Và in camera a pigliar la biancheria.

Toma un manojo de llaves de su cinturón y se lo va a entregar a Figaro, per se arrepiente.

No, vado io stesso.

Sale.

FIGARO
Ah, se mi dava in mano
il mazzo delle chiavi, ero a cavallo.

Dite; non è fra quelle
la chiave che apre quella gelosia?

ROSINA
Si, certo, è la piu nava.

BARTOLO
Ah, son pur buono a lasciar
qua quel diavol di barbiere!
Animo, va tu stesso.

Passato il corridor, sopra l'armadio
il tutto troverai.
Bada, non toccar nulla...

FIGARO
Eh, non son matto.
Allegri!
Vado e torno.
Il colpo è fato.

Sale.

BARTOLO
E quel briccon, che al Conte
ha portato il biglietto di Rosina.

ALMAVIVA
Mi sembra un imbroglion
di prima sfera.

471. ¿Qué quiere? ...¡A su modo;
vean que fantasía!
Ve a traer las toallas.

No, voy yo mismo.

(Para sí)
472. Ah, si me hubiera dado las llaves
la hubiera hecho muy bien.
(A Rosina)
¡Dime: no está entre esas
la llave que abre la celosía?

473. Cierto, es la mas nueva.

(Entrando...para sí)
474. ¡Ah, soy muy bueno al dejar aquí
a ese diablo de barbero!
Anda, ve tú mismo.
(Le da las llaves a Figaro)
Pasando el corredor, sobre el armario,
encontrarás todo.
Cuidado, no toques nada...

475. Eh, no estoy loco.
¡Bravo!
Voy y vengo.
El golpe está dado.

(Al Conde)
476. Ese bribón le llevó al Conde
la carta de Rosina.

477. Me parece que es un intrigante
de primera clase.

BARTOLO

Eh, a me non me la ficca...

478. Eh, a mi no me la pega...

Se escucha un fuerte ruido como de loza que se rompe.

Oh, disgraziato me!

¡Oh, infortunado de mí!

ROSINA

Ah che rumore!

479. ¡Ah, que ruido!

BARTOLO

Oh, che briccon! Me o diceva il core.

480. ¡Oh, que pícaro! Me lo decía el corazón.

Sale

ALMAVIVA

Quel Figaro è un grand'uomo;
or che siam soli,
ditemi, o cara; il vostro al mio
destino d'unir siete contenta?
Franchezza!

481. *(A Rosina)*
¡Ese Figaro es un gran hombre;
ahora que estamos solos,
dime, querida estás contenta
de unir tu destino al mío?
¡Sé franca!

ROSINA

Ah, mio Lindoro,
altro io non bramo...

482. Ah, Lindoro mío,
no quiero otra cosa...

ALMAVIVA

Ebben?

483. ¿Entonces?

BARTOLO

Oh, tutto m'ha rotto:
sei piatti, otto bicchieri, una terrina.

484. Oh, me ha roto todo:
seis platos, ocho vasos, una vasija.

FIGARO

Mostrándole al Conde la llave de la celosía que robó del manojo.

Vedete che gran cosa! Ad una chiave
se io non mi attaccava per fortuna, per quel
maleddettissimo corridor casi oscuro,
spezzato me sarei la testa al muro.
Tiene ogni stanza al buio,
e poi...e poi...

485. ¡Ve que buena cosa! Por fortuna
tomé le llave en ése maldito corredor
que está tan obscuro que por poco
me rompo la cabeza contra el muro.
Tiene todas las habitaciones a obscuras
y después...después...

BARTOLO

Oh, non piu.

486. Oh, non pie.

FIGARO
Dunque andiam.

Giudizio!

487. Entonces vamos.
(Al Conde y a Rosina)
¡Tengan cuidado!

BARTOLO
A noi.

488. Adelante.

Se sienta para ser rasurado. Entra Don Basilio.

ROSINA
Don Basilio!

489. ¡Don Basilio!

ALMAVIVA
Cosa veggo!

490. ¿Qué veo?

FIGARO
Quale intoppo!

(Para sí)
491. ¡Qué tropiezo!

BARTOLO
Come qua?

492. ¿Cómo estás aquí?

BASILIO
Servitor di tutti.

493. Soy tu fiel servidor.

BARTOLO
Che vuol dir tal novità?

(Para sí)
494. ¿Qué significa esto?

ROSINA
Di noi che mai sarà?

(Para sí)
495. ¿Qué será de nosotros?

ALMAVIVA y **FIGARO**
Qui franchezza ci corrà.

496. Tendremos que ser audaces.

BARTOLO
Don Basilio, come state?

497. ¿Don Basilio, cómo estás?

BASILIO
Come sto?

498. ¿Cómo estoy?

FIGARO
Or che s'aspettaa?
Questa barba benedetta
la facciamo si, o no?

499. ¿Ahora que esperamos?
¡Esta barba bendita
la hacemos si, o no?

BARTOLO
Ora vengo!

E...Il curiale?

BASILIO
Il curiale?

ALMAVIVA
Io gli ha narrato
che gia tutto e combinato.

Non è ver?

BARTOLO
Si, tutto io so.

BASILIO
Ma. Bartolo spiegatevi...

ALMAVIVA
Ehi, dottore, una parola...

Don Basillio son da voi.

Ascoltate un poco qua
Fate un po ch'ei vada via
ch'ei si scopra ho gran timore.

ROSINA
Io mi sento il cor tremar.

FIGARO
Non vi a disperar.

ALMAVIVA
Della lettera signore,
ei l'affare ancor non sa.

BASILIO
Ah, qui certo v'e un pasticcio,
non l'arriva a indovinar.

500.

501.

502.

503.

504.

505.

506.

507.

508.

(A Figaro)
¡Ya voy!
(A Basilio)
¿Y...tu representante?

¿Mi representante?

(Interrumpiendo a Basilio)
Yo le he explicado
que todo está arreglado.
(A Bartolo)
¿No es verdad?

Si yo sé todo.

Pero. Bartola explícate...

(A Bartolo)
Eh, doctor una palabra...
(A Basilio)
Don Basilio, estoy contigo.
(A Bartolo)
Escúchame un momento
Haz algo para que se vaya
tengo gran temor de que nos descubra.

(Para si)
Siento que me tiembla el corazón.

(A Rosina)
No te desesperes.

(A Bartolo)
El todavía no sabe nada,
del asunto de la carta.

(Para si)
Ah, estoy seguro de que aquí hay,
una chapucería que no llego a adivinar.

BARTOLO
Dite bene mio signore;
or lo mando via di qua.

ALMAVIVA
Colla febbre, Don Basilio
chi v'insegna a passeggiare?

BASILIO
Colla febbre?

ALMAVIVA
E che vi pare?
Siete allo come un marta.

BASILIO
Sono giallo come un marta?

FIGARO
Bagattella!
Cospetton! Che tremarella!
Questa è febbre scarlattina! ...

BASILIO
Scarlattina?

A escondidas le da a Basilio una bolsa con dinero.

ALMAVIVA
Via prendete medicina,
non vi state a rovinar.

FIGARO
Presto, presto, andate al letto...

ALMAVIVA
Voi paura in ver me fate.

ROSINA
Dice bene andate a letto!

TODOS
Presto andate a riposar.

(Al Conde)
509. Dices bien señor mío;
ahora lo mando fuera de aquí.

(A Basilio)
510. ¿Quién te aconsejó Don Basilio
salir con esa fiebre?

511. ¿Con la fiebre?

512. ¿Y qué te parece?
Estás amarillo como un muerto.

513. ¿Estoy amarillo como un muerto?

(Tomándole el pulso a Basilio)
514. ¡Cualquier cosa!
¡Cielos! ¡Que tembladera!
¡Esta es fiebre escarlatina!

515. ¿Escarlatina?

516. Vete a tomar medicina,
no te vayas a arruinar.

517. Rápido, rápido, vete a la cama...

518. En verdad me das miedo.

519. ¡Dice bien, vete a la cama!

520. Rápido, vete a reposar.

BASILIO
Una borsa! ...Andate a letto!
Ma che tutti sian d'accordo!

(Para sí)
¡Una bolsa! ¡Vete a la cama!
¡Todos están de acuerdo!

TODOS
Presto a letto!

521. *(Para sí)*

522. ¡Rápido a la cama!

BASILIO
Eh non son sordo.
Non mi faccio piu pregar.

523. Eh, no soy sordo.
No me hago del rogar.

FIGARO
Che color!

524. ¡Que color!

ALMAVIVA
Che brutat cera!

525. ¡Que feo aspecto!

BASILIO
Brutta cera?

526. ¿Feo aspecto?

ALMAVIVA, FIGARO, BARTOLO
Oh, brutta assaí!

527. ¡Oh, feo deberás!

BASILIO
Dunque vado...

528. Entonces me voy...

TODOS
Vada, vada!

529. ¡Vete, vete!

ALMAVIVA, ROSINA, FIGARO
Buona sera mío sígnore.

Presto andate, via di qua!

530. Buenas noches, señor mío.
(En voz baja)
¡Rápido vete, largo de aquí!

BASILIO
Buona sera, ben di core.
Poi diman si parlerà.

531. Buenas noches, de todo corazón.
Hablaremos mañana.

ROSINA y **FIGARO**
Maledetto, seccatore!

532. ¡Maldito inoportuno!

TODOS
Buona sera mio signore,
pace, sonno e sanità.
Presto, andate vía di qua.

533. Buenas noches, señor mío,
paz, sueño y salud.
Rápido vete de aquí.

BASILIO
Non gridate, non gridate!

534.   ¡No griten, no griten!
       (Para sí)
       ¡Ah, que el tutor se vaya al carajo!

Ah, che in sacco va il tutore!

BASILIO
Díman poi si parlerà.
Non gridate per pietà!
Buona sera, buona sera.

535.   Mañana hablaremos.
       ¡Por piedad, no griten!
       Buenas noches, buenas noches.

TODOS
Presto andate via, presto via di qua.

536.   Rápido vete, rápido largo de aquí.

Don Basilio parte.

FIGARO
Orsú, signor Don Bartolo...

537.   Vamos, señor Don Bartola...

BARTOLO
Son qua.

538.   Aquí estoy.

Bartolo se sienta, Figaro en preparación para rasurarlo
le coloca una toalla alrededor del cuello.

Stringi, bravissimo.

Apriétala, excelente.

ALMAVIVA
Rosina, deh, ascoltatemi.

539.   Rosina, escúchame.

ROSINA
Vàscolto, eccomi qua.

540.   Te escucho, aquí estoy.

Se sientan fingiendo estudiar la música.

ALMAVIVA
A mezzanotte in punto
a prendervi qui siamo:
or che la chiave abbiamo
non v'è da dubitar.

541.   A la media noche en punto
       para llevarte estaremos:
       ahora que tenemos la llave
       no vayas a dudar.

FIGARO
Ahi! ...Ahi!

       (distrayendo a Bartolo)
542.   ¡Ay! ...¡Ay!

BARTOLO
Che cos'è stato? ...

543.   ¿Qué pasa?

FIGARO

Un non se che nell'occhio.
Guardate...non toccate...
soffiate per pietà.

544.

Algo en el ojo.
Mira...no me toques...
por favor, sóplame.

ROSINA

A mezzanotte in punto,
anima mia t'aspetto.
lo gia llistante fretto
che a te mi stringerà.

545.

A media noche, en punto,
te espero, alma mía.
Estoy ya ansiosa por el instante
que a ti me estrechará.

ALMAVIVA

Ora avvertir vi voglio,

546.

Ahora quiero advertirte,

Bartolo se levanta y se acerca a los amantes.

cara che il vostro foglio
perche non fosse inutile
il mío travestimento...

Querida, que tu carta
para que no fuera inútil
mi disfraz...

BARTOLO

Il suo travestimento?
Ah, ah. bravo, bravissimi!
Sor Alonso, bravo!
Bravi! Bricconi, birbanti!
Ah, voi tutti quanti
avete giurato di farmi crepar!
Su, fuori furfatni, vi voglio accoppar.

547.

¿Tu disfraz?
¡Ah, bravo, espléndido!
¡Señor Alonso, bravo!
¡Muy listo! ¡Bribones, pillos!
¡Ah, todos ustedes
han jurado perjudicarme!
Vamos, fuera tunantes, los quisiera matar.

ROSINA, ALMAVIVA, FIGARO

La testa vi gira
ma zitto dottore
vi fate burlar.
Tacete, tacete,
non serve gridar.

548.

Te da vueltas la cabeza
pero cálmate doctor
te ves ridículo.
Cálmate, cálmate,
de nada sirve gritar.
(Para ellos)
Nuestro amigo delira,

L'amico delira,
intesi gia siamo
l'amico delira,
non v'è a replicar.

en eso estamos de acuerdo
nuestro amigo delira,
no hay porqué replicar.

BARTOLO

Di rabbia, di sdegno
mi sento crepar.

549.

De rabia y de indignación
me siento morir.

Salen todos, menos Don Bartolo y Berta.

BARTOLO

Ah! Disgraziato me! Ma come?
Ed io non m'accorsi di nulla!
Ah! Don Basilio sa certo qualche cosa.
Ehí, chi è di là? Chi è di là? ...

550.   ¡Ah! ¡Infortunado de mí! ¿Pero como?
¡Y no me di cuenta de nada!
Ah! Don Basilio de seguro sabe esto.
¿Ahi, quien está ahí? ...

Llega Ambrogio.

Senti, Ambrogio,
corri da Don Basilio qui rimpetto
digli ch'io qua l'aspetto,
che venga immantinente
che ha gran cosa da dirgli,
e ch'io non vado perchè ha di gran ragioní.

Escucha, Ambrogio,
corre a casa de Don Basilio
y dile que aquí lo espero,
que venga inmediatamente
que tengo grandes cosas que decirle,
y que yo tengo muchas razones para no ir.

AMBROGIO

Ma adesso...

551.   Pero ahora...

BARTOLO

Va subito.

552.   Apúrate.

Ambrogio parte.

BARTOLO

Di guardia tu piantati alla porta
e poi...no, no...non me ne fido.
Io stesso ci saró.

(A Berta)
553.   Plántate de guardia en la puerta
después...no, no confió.
Yo mismo lo haré.

Parte.

BERTA

Che vecchio sospettoso!
Vada pure e ci resti finchè crepa.
Sempre gridi e tumulti in questa
casa; si litiga, si piange,
si minaccia...
Si, non vi è un ora di pace
con questo vecchio avaro e brontolone!
Oh, che casa! Oh, che casa in confusione!

554.   ¡Que viejo tan desconfiado!
Pues quédate hasta que mueras.
Siempre hay gritos y tumultos
en ésta casa, se litiga,
se llora se amenaza...
¡No hay ni una hora de paz
con éste viejo avaro y gruñón!
¡Oh, que casa! ¡Es toda confusión!

BERTA (*continuato*)

Il vecchiotto cerca moglie,
vuol marito la ragazza
quello freme, questa è pazza.
Tutti e due son da legar.

Ma che cosa è questo amore
che fa tutti delirar?
Egli è un male universale
una smania, un pizzicore...
un solletico, un tormento...
Poverina, anch'io lo sento,
nè so come finirà.

Oh! Vecchiaia maledetta!
Son da tutti disprezzata...
e vecchietta dispreata
mi convien cosí crepar.

(*continuó*)

El vejete busca mujer,
la muchacha quiere marido
aquel tiembla, ésta desvaría.
Los dos están para amarrarlos.

¿Pero qué cosa es el amor
que los hace a todos delirar?
Es una enfermedad universal
una manía, una picazón...
un cosquilleo, un tormento...
Pobrecita, yo también lo siento,
no sé como terminará.

¡Oh! ¡Maldita vejez!
Soy despreciada por todos...
soy viejita desesperada
me conviene mejor morir.

Parte.

Bartolo y Basilio en una recámara.

BARTOLO

Dunque voi Don Alonso
non conoscete affatto?

BASILIO

Affatto.

BARTOLO

Ah, certo il Conte lo mandó.
Qualche gran trama qua si prepara.

BASILIO

Io poi dico che quell'amíco
cra il Conte in persona.

BARTOLO

Il Conte?

555. ¿Entonces tú no conoces
a Don Alonso?

556. Para nada.

557. Ah, ciertamente el Conde lo mandó.
Qué gran trama aquí se prepara.

558. Yo digo ahora que aquel amigo
era el Conde en persona.

559. ¿El Conde?

BASILIO
Il Conte.

La borsa parla chiaro.

BARTOLO
Sia che si vuole...
Amico, dal notaro vo'in questo
punto andare;
in questa sera stipular di mie
nozze io vó il contrato.

BASILIO
Il notar? Siete matto?
Piove a torrenti, e poi,
a sera il notaro è
con Figaro;
il barbiere marita a sua nipote.

BARTOLO
Una nipote? Che nipote?
Il barbiere non ha nipoti.
Ah, qui v'è qualche imbroglio.
Questa notte i bricconi me la vogliono far.
Presto, il notaro
qua venga sull'istante.

Ecco la chiave del portone;
andate presto, per carità.

BASILIO
Non temete;
in due salti io torno.

Parte.

BARTOLO
Per forza o per amore
Rosina avrà da cedere.
Cospetto! Mi vien un'altra idea.

560. El Conde.
(Para sí)
La bolsa habla claro.

561. Como quiera que sea...
Amigo, en éste punto quiero que
vayas al notario;
para redactar ésta misma
noche el contrato de mi boda.

562. ¿El notario? ¿Estás loco?
Llueve a torrentes, y después
ésta, el notario estará
ocupado con Fígaro;
el barbero casa a su sobrina.

563. ¿Una sobrina? ¿Cuál sobrina?
El barbero no tiene sobrinas
Ah, aquí hay un embrollo.
Esta noche los bribones me la eren hacer.
Rápido el notario
que venga al instante.
(Le da una llave.)
Esta es la llave del portón;
rápido, vete, por caridad.

564. No temas;
en dos saltos regreso aquí.

565. Por la fuerza o por amor
Rosina tendrá que ceder.
¡Cielos! Tengo otra idea.

Extrae del bolsillo la carta que le dio el Conde.

BARTOLO (*continuato*)
Questo biglietto che scrisse
la ragazza a Almaviva potria servir.
Che colpada maestro!

Don Alonso, il briccone, senza volerlo,
mi diè l'armi in mano.

(*continuó*)
Esta carta que escribió
la muchacha a Almaviva, podría servir.
¡Que golpe maestro!

Don Alonso, el bribón, sin quererlo,
me dio ésta arma.

Entra Rosina en silencio.

Del vostro amante
io vi vo dar novella.
Povera sciaguratta! In verità
collocaste assai bene il vostro affetto!
Del vostro amor sappiate
ch'ei si fa gioco
in sen dlun altr'amante.
Ècco la prova.

De tu amante
te quiero dar noticias.
¡Pobre infortunada! ¡En verdad
entregaste bastante bien tu afecto!
Debes saber que de tu amor
él ha hecho un juego
en el seno de otra amante.
Aquí está la prueba.

Le da la carta.

ROSINA
Oh Dio! Il mío biglietto!

566. ¡Dios mío! ¡Mi carta!

BARTOLO
Don Alonso e il barbiere
congiuran contra voi, non vi fidate.
Nelle braccia del Conte d'Almaviva,
vi voglion condurre.

567. Don Alonso y el barbero conjuran
contra ti, no te confieso.
A los brazos del Conde de Almaviva,
te quieren conducir.

ROSINA
In braccio a un altrol Che mai sento!
Ah, Lindoro, ah, traditore!
Ah, si, vendetta!
E vegga, vegga quelliempio chi e Rosina.
Dite, sígnore, di sposarmi voi bramavate.

568. ¡A los brazos de otro! ¡Que oigo!
¡Ah, Lindoro traidor!
¡Ah si, me vengaré!
Ya verá, ya verá cuan mala puede ser
Rosina.
Dime señor, tú querías desposarme.

BARTOLO
E il voglio.

569. Aun quiero.

ROSINA
Ebben, si faccia!
Io son contenta; ma al istante.
Udite: a mezzanotte qui sarà
l'indegno con Figaro il barbier;
con lui fuggire per sposarlo io voleva.

570. ¡Bien, acepto!
Estoy contenta, pero tiene que ser ya.
Escucha: a media noche vendrá
el indigno con Fígaro el barbero;
yo quería fugarme para casarme con él.

BARTOLO
Ah, scellerati! Corro a sbarrar la porta.

571. ¡Ah, desgraciado! Corro a cerrar la puerta.

ROSINA
Ah! Mio signore!
Entran per la finestra.
Hanno la chiave.

572. ¡Ah! ¡Señor mío!
Entrarán por la ventana.
Tienen la llave.

BARTOLO
Non mi muovo di qui!
Ma, e se fossero armati?
Figlia mia poichè ti sei
sí bene illuminata,
facciam cosi.
Chiuditi a chiave in camera,
io vó a chiamar la forza.
Diró che son due ladri,
e come tali di Bacco,
l'avremo da vedere.
Figlia chiuditi presto.
Io vado via.

573. ¡No me muevo de aquí!
¿Pero y si estuviera armado?
Hija mía, ahora que
los conoces bien,
hagámoslo así.
Enciérrate con llave en tu cuarto,
yo iré a llamar a la guardia.
Diré que son dos ladrones,
de hecho lo son, cuerpo de Baco,
así los veremos.
Hija enciérrate rápido.
Ya me voy.

ROSINA
Quanto, quanto è crudel la sorte mía!

574. ¡Como es cruel la suerte mía!

Parte.

*Se inicia una tormenta, cuando termina, la puerta del balcón es abierta desde afuera,
el Conde y Figaro entran envueltos en sendas capas.
Figaro lleva una linterna en la mano.*

FIGARO
Alfine eccoci qua.

575. Al fin aquí estamos.

ALMAVIVA
Figaro, dammi mano
Poter del mondo!
Che tempo indiavolato!

576.   Figaro, dame la mano.
¡Santo cielo!
¡Que endiablado tiempo!

FIGARO
Tempo da innamorati.

577.   Tiempo para enamorados.

ALMAVIVA
Ehi, fammi lume.

578.   Eh, dame luz.

Figaro enciende la lámpara.

Dove sarà Rosina?

¿En dónde estará Rosina?

FIGARO
Ora vede remo...

579.   Ahora veremos...

Entra Rosina.

Eccola appunto.

Aquí está.

ALMAVIVA
Ah, mio tesoro!

580.   ¡Ah, tesoro mío!

ROSINA
Indietro, anima scellerata!
lo chi di mia stolta credulità
venni, soltanto a riparar lo scorno
a dimostrarti qual sano,
e quale amante perdesti
anima indegna e sconoscente.

581.   *(Rechazándolo)*
¡Atrás, malvado!
Yo con mi tonta credulidad
venga a reparar mi desgracia
y a demostrarte quien soy,
y a cual amante perdiste,
alma indigna y desagradecida.

ALMAVIVA
Io son di sasso.

582.   Estoy petrificado.

FIGARO
Io non capisco niente.

583.   Yo no entiendo nada.

ALMAVIVA
Ma per pietà...

584.   Pero por piedad...

ROSINA
Taci. Fingesti amore
per vendermi alle voglie
di quel tuo vil Conte Almaviva...

585.   Cállate. Fingiste amor
para venderme a los deseos
de tu vil Conde Almaviva...

ALMAVIVA
Al Conte? Ah, sei delusa!
Oh, me felice...
Adunque tu di verace amore
ami Lindor? ...Rispondi...

ROSINA
Ah si! T'amai purtroppo!

ALMAVIVA
Ah! Non è tempo di piu celarsi,
anima mia.

586. ¡Al Conde? ¡Ah, estas equivocada!
Oh, estoy feliz...
¿Entonces tu sentías amor verdadero
por Lindoro? ...Responde...

587. ¡Ah si! ¡Te amé desgraciadamente!

588. ¡Ah! No es hora de ocultar ya nada,
alma mía.

Se arrodilla arrojando la capa.

Ravvisa colui che si gran tempo
segui tue traccie, che per te
sospira, che sua ti vuole;
mirami, o mío tesoro,
Almaviva son io, non son Lindoro.

Recuerdas a aquel que por largo
tiempo siguió tus huellas y que
suspira por ti que quiere que seas suya;
mírame, oh tesoro mío,
Almaviva soy o, no soy Lindoro.

ROSINA
Ah! Qual colpo inaspettato!
Egli stesso? O ciel che sento!
Di sorpresa e di contento.
Guarda, guarda il mio talento
che bel colpa seppe far!

ALMAVIVA
Qual trionfo inaspettato!
Me felice! Oh bel momento!
Ah, damore e di contento
son vicino a delirar.

FIGARO
Son rimasti senza fiato etc.

ROSINA
Mío signor! ...ma voi...ma io...

ALMAVIVA
Ah, non piu, non u ben mio.
Il bel nome di mia sposa,
idol mio t'attenda gia.

(Para sí)
589. ¡Ah! ¡Que inesperado golpe!
¿Es él mismo? ¡Oh cielos que siento!
De sorpresa y de alegría.
¡Mira, mira mi talento
que bello golpe supe dar!

(Para sí)
590. ¡Qué triunfo inesperado!
¡Soy feliz! ¡Que bello momento!
Ah, de amor y de contento
estoy a punto de delirar.

(Para sí)
591. Te quedaste sin aliento etc.

592. ¡Señor mío! ...pero tu...pero yo...

593. Ah, no mas, no mas, bien mío.
El bello nombre de mi esposa,
ídolo mío, te espero.

ROSINA

Il bel nome di tua sposa,
ah, qual gioia al cor mi da.

594. El bello nombre de tu
ah, que alegría en mi corazón.

ALMAVIVA

Sei contenta?

595. ¿Estás contenta?

ROSINA

Ah, mio signore!

596. ¡Ah, señor mío!

ROSINA y **ALMAVIVA**

Dolce nodo avventurato
che fai paghi miei desiri!

597. ¡Dulce unión afortunada
que llenará mis deseos!

FIGARO

Nodo...Presto andiamo
paghi...Vi sbrigate!

598. Unión...Rápido, vámonos
Que llenará... ¡Apresúrense!

ROSINA, ALMAVIVA

Alla fin di miei martiri
tu sentisti, amor, pietà.

599. El fin de mi martirio
tu sentiste, amor, piedad.

FIGARO

Via, lasciate quei sospiri.
Se si tarda, i miei raggiri
fanno fiasco in verità.

600. Vamos dejen esos suspiros.
Si se tardan, mis subterfugios
en verdad serán un fiasco.

Mirando hacia afuera.

Ah, cospetto! Che ho veduto!
Alla porta una lanterna...
Due persone! ...Che si fa?

601. ¡Ah, cielos! ¡Que he visto!
Una linterna en la puerta...
¡Dos personas! ...¿Qué haremos?

ALMAVIVA

Hai veduto...

602. Has visto...

FIGARO

Si, signor.

603. Si, señor.

ALMAVIVA

...Due persone?

604. ...¿Dos personas?

FIGARO

Si, signor.

605. Si, señor.

ALMAVIVA
Una lanterna?

606.   ¿Una linterna?

FIGARO
Si, sígnor.

607.   Si señor.

ROSINA, FIGARO, ALMAVIVA
Che si fa?
Zitti, zitti, piano, piano,
non facciamo confusione;
per la scala del balcone
presto, andiamo a di qua.

608.   ¿Qué haremos?
Shh, shh, bajito, bajito,
no hagamos confusión;
por la escalera del balcón
rápido, vámonos de aquí.

FIGARO
Ah! Disgraziati noi! Come si fa?

609.   ¡Ah! ¡Pobres de nosotros! ¿Qué haremos?

ALMAVIVA
Che avvenne mai?

610.   ¿Ahora qué pasa?

FIGARO
La seala...

611.   La escalera...

ALMAVIVA
Ebben?

612.   ¿Qué pasa?

FIGARO
La scala non v'è piu.

613.   Ya no está la escalera.

ALMAVIVA
Che dici?

614.   ¿Qué dices?

FIGARO
Chi mai l'avrà levata?

615.   ¿Quién se le llevó?

ALMAVIVA
Quale inciampo crudel! ...

616.   ¡Que tropiezo tan cruel! ...

ROSINA
Me sventurata!

617.   ¡Soy una desventurada!

FIGARO
Zitti...sento gente. Ora ci siamo?
Signar mío che si fa?

618.   Shh...oigo gente. ¿Y ahora que?
¿Señor mío qué haremos?

ALMAVIVA
Mía Rosína, coraggio.

619. Valor, Rosina mía.

FIGARO
Eccolí qua.

620. Aquí están.

Entra Don Basilio con una linterna en la mano,
acompaña do del notario que lleva un documento.

BASILIO
Don Bartolol, Don Bartolo!

621. ¡Don Bartolo, Don Bartolo!

FIGARO
Don Basilio.

622. Don Basilio.

ALMAVIVA
E quell'altro?

623. ¿Y quién es el otro?

FIGARO
Vè, vè, il nostro notara.
Allegramente. Lasciate fare a me.
Signar notaro!

624. Mira, mira, nuestro notario.
Alegremente. Déjame manejarlo.
¡Señor notario!

Voltean sorprendidos Basilio y el notario.
El notario avanza hacia Figaro.

Dovevete in mia casa
stipular questa sera
il contrato di nozze
fra il Conte d'Almaviva e mia nipote.
Gli sposi, eccoli qua.
Avete indosso la scrittura?

En mi casa deberás
ésta noche estipular
el contrato de boda
entre el Conde de Almaviva y mi sobrina.
Aquí está la pareja.
¿Tiene con usted la escritura?

NOTARO
Ha certo.

625. Por supuesto.

El notario muestra el documento.

FIGARO
Bennisimo!

626. ¡Muy bien!

BASILIO
Ma piano.
Don Bartolo...dov'è?

627. Despacio.
¿En dónde está don Bartola?

ALMAVIVA

Llama aparte a Basilio, se quita una anillo de su dedo le hace señas de que no diga nada.

Ehi, Don Basilio, quest'anello è per voi.

628. Eh, Don Basilio, éste anillo es para ti.

BASILIO

Ma io...

629. Pero yo...

ALMAVIVA

Per voi,
vi son ancor due palle nel
cervello se v'opponete.

630. *(Sacando una pistola)*
Aquí hay para ti,
también dos balas para tu
cerebro si te opones.

BASILIO

Oibó, prendo l'anello.
Chi firma?

631. *(Toma el anillo)*
Bien, tomo el anillo.
¿Quienes firmarán?

ALMAVIVA

Eccoci qua.

Son testimoni
Figaro e Don Basilio.
Essa è mia sposa.

632. Aquí estamos.
(Firman el documento)
Son testigos
Fígaro y Don Basilio.
Ahora ella es mi esposa.

FIGARO

Evviva!

633. ¡Viva!

ALMAVIVA

Oh, mio contento.

634. Oh, cómo estoy feliz.

ROSINA

Oh, sospirata mia felicità!

635. ¡Oh, suspiraba por ésta felicidad!

FIGARO

Evviva!

636. ¡Viva!

Mientras el Conde besa la mano de Rosina, Figaro abraza desganadamente a Basilio,
entra Bartolo acompañado de un oficial y varios soldados.

Señalando a Figaro y al Conde al oficial y a los soldados y arrojándose sobre Figaro.

Fermi tutti. Eccoli qua.

Deténganse todos. ¡Aquí estamos!

FIGARO

Colle buone, signor.

637. Calma, señor.

BARTOLO
Signor, son ladri.
Arrestate, arrestate.

638.
Señor, son ladrones.
Arréstalos, arréstalos.

OFICIAL
Mio signore, il suo nome?

639.
¿Señor mío, cuál es su nombre?

ALMAVIVA
Il mio nome
è quel d'un uomo d'onore.
Lo sposo io son di questa...

640.
Mi nombre
es el de un hombre de honor.
Soy el esposo de ésta...

BARTOLO
Eh, andate al diavolo!
Rosina esser deve mia sposa;
non è vero?

641.
¡Eh, vete al diablo!
¿Rosina deberá ser mi esposa;
no es verdad?

ROSINA
Io sua sposa? Nemmeno per un pensiero!

642.
¿Yo su esposa? ¡Ni soñando!

BARTOLO
Come? Come, fraschetta?

Arrestate, vi dico, è un ladro.

643.
¿Cómo? ¿Qué dices?
(Señalando al Conde)
Arréstalo, te digo, es un ladrón.

FIGARO
Or, or l'accoppo.

644.
Yo lo golpeo.

BARTOLO
E un furfante, è un briccon.

645.
Es un pillo, es un bribón.

OFICIAL
Signore...

646.
(Al Conde)
Señor...

ALMAVIVA
Indietro!

647.
¡Atrás!

OFICIAL
ll nome?

648.
¿Tu nombre?

ALMAVIVA
Indietro dico, indietro!

649.
¡Atrás, te digo, atrás!

OFICIAL
Ehi, mio signor, basso quel tono.
Chi è lei?

650.   Eh, señor mío, a tu tono.
¿Quién es usted?

ALMAVIVA
Il Conte d'Almaviva io sano.

651.   Soy el Conde de Almaviva.

BARTOLO
Insomma, io ha tutti i torti...

652.   Entonces, yo tengo todas las culpas...

FIGARO
Eh, purtroppo è cosi!

653.   ¡Desgraciadamente así es!

(A Basilio)
BARTOLO
Ma, tu briccone, tu pur tradirmi
e far da testimonio!

654.   ¡Pero, tu bribón, me traicionaste
y actuaste como testigo!

BASILIO
Ah, Don Bartolo mio, quel signor
certe ragione ha in tasca.
Certi argomenti a cui
non si risponde.

655.   Ah, Don Bartolo, el señor Conde tiene
ciertas razones en su bolsa.
Ciertos argumentos para los cuales
no hay discusión.

BARTOLO
Ed io, bestia solenne,
per meglio assicurare il matrimonio,
portai via la scala dal balcone.

656.   Y yo bestia solemne, para
mejor asegurar el matrimonio
me llevé la escalera del balcón.

FIGARO
Ecco che fa
un "Inutil Precauzione."

657.   Eso que hiciste
fue una "Inútil Precaución."

BARTOLO
Ma, e la dote?
Io non posso...

658.   ¿Pero, y la dote?
Yo no puedo...

ALMAVIVA
Eh, via; di dote io bisogno non ho.
Va, te la dono.

659.   Vamos, no tengo necesidad de la dote.
Te la regalo.

FIGARO
Ah! Ah! Ridete adesso?
Bravissimo, Don Bartolo/ho veduto
alla fin rasserenarsi quel vostro ceffo,
amaro e furibondo.
Eh! I bricconi han fortuna in
questo mondo.

ROSINA
Dunque, signor Don Bartola?

BARTOLO
Si, Si, ho capito tutto.

ALMAVIVA
Ebben, dottore?

BARTOLO
Si, si che serve!
Quel ch'e fatto è fatto.
Andate pur,
che il ciel vi benedica.

FIGARO
Bravo, bravo! Un'abbraccio!
Venite qua dottore!

ROSINA
Ah, noi felici!

ALMAVIVA
Oh fortunato amore.

FIGARO
Di si felice innesto
serbiam memoria eterna;
io smorzo la lanterna
qui piu non ha che faro.

660. ¡Ja! ¡Ja! ¿Puedes reír ahora?
Muy bien Don Bartolo he visto
serenarse tu rostro, feo, amargo
y furibundo.
¡Eh! Los bribones tienen suerte
en éste mundo.

661. ¿Entonces, señor Don Bartola?

662. Si, si, he comprendido todo.

663. ¿Y bien, doctor?

664. ¡Si, si, está bien!
Lo hecho, hecho, está.
Vayan pues,
que el cielo los bendiga.

665. ¡Bravo, bravo! ¡Un abrazo!
¡Ven aquí doctor!

666. ¡Ah, estamos felices!

667. Oh amor afortunado.

668. De ésta feliz unión
guardemos eterno recuerdo;
yo apago la linterna
que aquí no tiene que hacer.

TODOS
Amore è fede eterna.
Si vegga in voi regnar.

ROSINA
Costó sospiri e pene
un si felice istante.
alfin quest'anima amante
comincia a respirar.

TODOS
Amore e fede eterna
si vegga in voi regnar.

ALMAVIVA
Dell'umile Lindoro
la fiamma a te fu acceta;
piu bel destin t'aspetta,
su vieni a giubilar.

TODOS
Amore e fede eterna
si vegga in voi regnar.

669. Amor y eterna fe.
Se ve reinar en ustedes.

670. Este feliz instante costó
suspiros y penas.
Al fin ésta alma amante
comienza a respirar.

671. Amor y fe eterna
se ve en ustedes reinar.

672. En el humilde Lindoro
tú encendiste la llama;
te espera el más bello,
y jubiloso destino.

673. Amor y fe eterna
se ve en ustedes reinar.

FIN

Biografía de Giacchino Rossini

Giacchino Antonio Rossini, nació en Pesaro Italia un pequeño pueblo situado en la costa del Adriático italiano, el 29 de Febrero de 1722. Su padre Giuseppe Rossini, trombettista y su madre Anna Guidarini una cantante. A los 6 años, el pequeño Giacchino ya tocaba en la orquesta de su padre.

Estudió composición en el Liceo Musical de Bolonia y fue influenciado por la música de Mozart y Haydn. A los 16 años de edad ganó el premio del Conservatorio de Bolonia por su Cantata "Il pianto d´armonia per la morte d´Órfeo."

En sus 76 años de vida compuso 37 óperas, siete obras religiosas, dieciséis cantatas y cinco himnos.

Su primera ópera fue *La Cambiale di Matrimonio* escrita en Venecia a los 18 años de edad en 1740.

Entre 1810 y 1813 escribió varias obras en Bolonia, Roma, Venecia y Milán, siendo la más famosa, *Tancredi*. Fue en Roma en donde escribió su ópera más famosa, *El Barbero de Sevilla*, basada en la Trilogía del Barón Piérre Augustin de Beaumarchais.

En 1815, fue nombrado director de los Teatros San Carlo y Del Fondo en Nápoles su sueldo mensual era de 200 ducados mensuales mas 1000 ducados cada año. Entre éste año y el de 1823, Rossini escribió 20 óperas, siendo *Otello* la mas famosa.

En 1831, abandonó la composición y después en 1842 escribió el *Stabat Mater* y la *Pequeña Misa Solemne*. Fue un personaje muy popular y siempre figuró dentro de las personalidades del mundo de la ópera.

En 1822, celebró su matrimonio en Castenaso con Isabel Cobran, famosa cantante de ópera, y se separaron en 1837. En 1846, Rossini se casó con Olympe Pelissier.

El 13 de Noviembre de 1868, Rossini murió rodeado de amigos en Passy cerca de Paris y fue enterrado en el Cementerio de Pére-Lachaise en Paris. En 1887 restos fueron trasladados a Florencia y descansan para siempre en la Basílica de la Santa Croce.

Otras de sus óperas son:

Tancredi

L'Ítaliana in Algeri

Il Turco en Italia

Elizabetta Regina d Ínghilterra

Il Moro di Venezzia

La Cenerentola

La Gazza Ladra

Mose in Egitto

La Donna del Lago

Semiramide

Guillermo Tell

y 23 mas.

Acerca de Estas Traducciones

El Dr. Eduardo Enrique Prado Alcalá nació en 1937 en el norte de México, estudió la carrera de medicina y se especializó en cáncer ginecológico y cáncer de mama.

Ejerció su carrera durante 40 años y finalmente llegó a la edad del retiro.

Desde la edad de 42 años, se hizo aficionado a la ópera y a la música clásica y formó parte de un grupo de amigos aficionados a estas disciplinas. Tuvo la oportunidad de asistir a funciones operísticas en la Ciudad de México, en Guadalajara México, en Toluca México, en Mazatlán México, en Seattle, en Madrid y en Londres. Organizó en la Ciudad de Mazatlán tres conciertos de música clásica, uno de ellos en la catedral.

Jugum Press y Ópera en Español

Prensa publica estas traducciones de ópera por Dr. E.Enrique Prado:

Vincenzo Bellini:
Norma

Georges Bizet:
Carmen

Gaetano Donizetti:
Anna Bolena, Don Pasquale, Lucia di Lammermoor

Ruggero Leoncavallo:
I Pagliacci

Pietro Mascagni:
Cavalleria Rusticana

Wolfgang Amadeus Mozart:
Die Zauberflöte, Don Giovanni, Le Nozze di Figaro

Giacomo Puccini:
La Boheme, La Fanciulla del West, Madama Butterfly, Manon Lescaut, Tosca
El Tríptico: Gianni Schicchi, Suor Angelica, Il Tabarro

Giacchino Rossini:
Il Barbiere Di Siviglia, La Cenerentola

Giuseppe Verdi:
Aida, Un Ballo in Maschera, Don Carlo, Ernani, Falstaff, La Forza del Destino, I Lombardi, Macbeth, Nabucco, Otello, Rigoletto, Simon Boccanegra, La Traviata, Il Trovatore

Para información y disponibilidad, por favor vea
www.operaenespanol.com
Correo: JugumPress@outlook.com
Síganos en Twitter: @jugumpress
Regístrate para nuestras noticias: http://eepurl.com/5m7tj

www.ingramcontent.com/pod-product-compliance
Lightning Source LLC
Chambersburg PA
CBHW081258040426
42452CB00014B/2551